D1870441

Andi Weiss

Mit dem Herzen laufen lernen

50 Gedanken, Begegnungen und Impulse,
die bewegen und Mut machen

Über den Autor

Andi Weiss ist auf zahlreichen Konzerten und Veranstaltungen als Songpoet und Geschichtenerzähler unterwegs. Die andere Hälfte seiner Zeit berät und begleitet er als evangelischer Diakon und Logotherapeut Menschen in Krisensituationen. Auch als Autor zahlreicher Bücher hat er sich bereits einen Namen gemacht. Von der renommierten Hans-Seidel-Stiftung wurde er mit dem „Nachwuchspreis für Songpoeten" ausgezeichnet und bekam den deutschen Musikpreis „David" in der Kategorie „Bester nationaler Künstler".

Andi Weiss ist verheiratet und lebt mit seiner Frau Martina und seinem Sohn Emil Leo in München. Er engagiert sich für die Hilfsorganisation *Opportunity International* (www.oid.org).

Mehr Informationen über den Autor und Künstler finden Sie unter *www.andi-weiss.de.*

ANDI WEISS

MIT DEM HERZEN LAUFEN LERNEN

50 GEDANKEN, BEGEGNUNGEN UND IMPULSE, DIE BEWEGEN UND MUT MACHEN

GerthMedien

Inhalt

Ein Leben, das nicht
für andere gelebt wurde, ist kein Leben.
Mutter Teresa

Mit dem Herzen laufen lernen

Wie fange ich dieses Buch nur an? Wie beginne ich? Vielleicht ein lustiger Witz zur Auflockerung? Eine berührende Geschichte? Ein tief greifender Gedanke? Vorworte sind, wie ich finde, immer das schwierigste Kapitel, wenn man ein Buch schreibt. Schon nach wenigen Worten werden Sie als Leser entscheiden, ob Sie dieses Buch weiterlesen, weiterschenken, weglegen oder als Anzündhilfe für Ihren Kaminofen benutzen. Das setzt mich als Autor ganz schön unter Druck. Meist schreibe ich deshalb auch das Vorwort erst ganz am Schluss, bevor ich das Buch abgebe. Ich schiebe es so lange wie möglich vor mir her, ich mache einen Bogen darum, schreibe ein paar Sätze, um sie dann auch gleich wieder zu löschen. Kennen Sie das? Man will etwas gut machen – richtig angehen –, und weil man nicht den perfekten Weg findet, lässt man es irgendwann ganz sein. Wie gelingt aber dieser erste so wichtige, mutige Schritt?

Seit Hape Kerkeling sich die Füße wund gelaufen und darüber auch noch ein Buch geschrieben hat, wollen viele Menschen auch einfach „mal weg" sein und machen sich als Pilger auf den Weg nach Santiago de Compostela. Würde man einen Spanier heute fragen, wo der Jakobsweg beginnt, bekäme man die Antwort: *„El camino comienza en su casa"*, der Weg beginnt also vor der eigenen Haustür. Die Frage ist somit gar nicht, *wie* man einen Weg beginnt, sondern *wo*. Ich möchte mir diese Frage für mein Buch ebenfalls stellen: Wo fange ich an? Die Antwort lautet: bei mir. Ich möchte Sie in diesem Buch mit auf Reisen nehmen. Auf Konzerttour, zu Gesprächen und Begegnungen, auf poetische Ausflüge mit meinen Liedern. Begegnungen und Momente, die mir persönlich ein Stück Herzensweite, Lebensweisheit, Hoffnung und Mut geschenkt haben. Diese kleinen Schätze möchte ich mit Ihnen teilen. Im Blick auf die einzelnen Kapitel stelle ich fest, dass viele der Momente, in denen Menschen gereift sind, Abbrüche, Umbrüche, Zusammenbrüche, eben Brüche waren, die zum Umdenken aufgefordert haben. Menschen haben sich in ihren Krisen ernst genommen, haben nachgefragt, nicht aufgegeben, sind aufgestanden, haben weitergemacht und so in ihrem Leben neu laufen gelernt.

Unser Leben lebt von Auf- und Umbrüchen. Gewollt oder ungewollt. Man kommt an seine Grenzen. Als Mensch schrecke ich zunächst zurück, aber ich lerne durch diesen Bruch mein Zuhause neu kennen. *„Erst in der Fremde lernt man die Heimat schätzen"*, weiß Ernst Wiechert, und mehr noch: Die verlassene Sicherheit eröffnet die Möglichkeit, Neues in und um sich herum zu entdecken.

Wir brauchen diese einschneidenden Momente, um uns weiterzuentwickeln. Christian Morgenstern rät: *„Man sollte von Zeit zu Zeit von sich zurücktreten, wie ein Maler von seinem Bilde!"* Der heranreifende Erwachsene wird *„Vater und Mutter verlassen"*, heißt es einmal in der Bibel, er wird die Nestwärme, die Sicherheit aufgeben und eigene Wege gehen. Aber auch der schon alte Abraham *(„Steh auf, und geh in ein Land, das ich dir zeigen werde ...")* erfährt die Bereicherung im Aufbruch, im schmerzhaften Abschied. Dieses „neue Land“ wird ihn unsicher machen. In diesem neuen Lebensabschnitt gelten auch neue Regeln.

In dem Wort „auf-brechen“ steckt etwas Gewaltiges, vielleicht Schmerzhaftes und doch Erlösendes. Was sucht ein Mensch, der sich auf den Weg macht? Was erwarten Menschen, die zu Pilgern werden und nach Santiago, Jerusalem, Mekka oder wohin auch immer aufbrechen – um nicht nur irgendwo, sondern vielleicht sogar irgendwann bei sich selbst anzukommen? Pilger sind sehnsüchtige, suchende Menschen – sind Sinn-, Lebens- und Gottsucher.

„Pilgern“ stammt aus dem Lateinischen: *peregrinari* meint „in der Fremde sein“. Pilgern heißt sich aufmachen, aufbrechen – vielleicht auch zwischenzeitlich abbrechen –, manchmal vielleicht auch, weil man in der eigenen Heimat innerlich beinahe zusammenbricht. Welche Sehnsucht treibt den Menschen zum Aufbruch in die Fremde?

Ein Pilger macht sich auf die Suche nach Sinn, nach Tiefe, nach Erlösung – nach Gott. Und wer Gott sucht, der kommt zwangsläufig nicht an sich selbst vorbei. Aufbrechen muss dabei jeder Mensch für sich selbst. Ob er will oder nicht. Auch wenn früher reiche Leute andere dafür bezahlten, dass sie für sie auf Pilgerschaft gingen, erfüllt sich der Wunsch nach einer inneren Reinigung nur dem, der bereit ist, sich selbst hineinzugeben und selbst loszugehen.

Für Ihren ganz persönlichen Lebensweg wünsche ich Ihnen Mut, ein weites Herz und viele gute neue Erfahrungen!

Bleiben Sie behütet!
Ihr
Andi Weiss

Wer bin ich?

Ich muss Ihnen ein Geständnis machen: Wenn ich Konzerte spiele, bin ich immer unglaublich aufgeregt. Das liegt – und ich hoffe, das ist jetzt nicht unhöflich – nicht an meinem Konzertpublikum. Ich bin bei Konzerten immer derartig aufgeregt, weil ich nie weiß, was am nächsten Tag über das Konzert vom Vorabend in der Zeitung steht. Oft kommen Redakteure in der Konzertpause zu mir und fragen mich: „Herr Weiss, was passiert denn in der zweiten Hälfte des Konzerts? Ich habe noch einen Anschlusstermin und muss weg …" Meistens versuche ich dann, in aller Demut zu beschreiben, wie das für mich ist, wenn ich nach der dreizehnten Zugabe im weißen Bademantel auf die Bühne komme. Vor einigen Jahren bin ich mit meinem „Heimat"-Programm getourt. In diesem Programm habe ich sehr ausführlich und breit erzählt, warum ich Gott so dankbar bin, dass ich in Oberbayern und nicht in Niederbayern auf die Welt gekommen bin. Dieses Programm habe ich auch einmal an der Nordsee gespielt. Just bei diesem Konzert kam wieder – wie eben geschrieben – ein Redakteur in der Pause mit obiger Frage auf mich zu. Ich erklärte ihm, dass alle ober- und niederbayrischen Konflikte nur „gespielt" waren und nicht wirklich ernsthafte Probleme darstellten. Außerdem wäre ich ja ein Mann der Kirche und stehe für Versöhnung, für Frieden und Einheit unter den Menschen. Genau aus diesem Grund würde ich an diesem Abend auch am Ende des Konzerts – nach der dreizehnten Zugabe – gemeinsam mit den Konzertbesuchern und der Hand auf dem Herzen die Bayernhymne singen. Ich fragte mich den ganzen Weg zurück nach München, ob der Mann meine nicht ganz ernst gemeinte Antwort wohl verstanden hatte. Als ich dann den Zeitungsartikel las, merkte ich: scheinbar nicht.

Es ist tatsächlich sehr spannend, etwas über sich in der Zeitung zu lesen. Manchmal, weil man da Dinge liest, die man selbst noch gar nicht von sich wusste. Und manchmal, weil es tatsächlich für mich sehr interessant ist zu lesen, wie andere Menschen das wahrnahmen, was ich auf der Bühne mache. Eine Redakteurin schrieb neulich in einem Konzertbericht über mich: „Lieder wie Reinhard Mey, im Stil von Herbert Grönemeyer, mit dem Charme von Florian Silbereisen …" Für einen kurzen Moment musste ich überlegen, ob ich mich freuen oder meinen Anwalt anrufen sollte. Und doch muss ich mich selbst immer wieder fragen: Wer bin ich? Und wer möchte ich gern sein? Bin ich nur mit meinen guten Seiten erwünscht? Oder gehören zu meiner Person auch meine Schattenseiten dazu? Muss ich zu allem Ja und Amen sagen oder sind auch meine Zweifel, mein Versagen, meine Widersprüche Teil meiner Persönlichkeit? Ich erlebe es immer wieder, dass ich gegen mich selbst kämpfe. In solchen Zeiten hört man die guten Worte der Menschen um einen herum nicht, da kann man Lob nicht speichern, weil man ja doch viel besser weiß, wie man in Wirklichkeit ist. Und ich frage mich: Wer bin ich? Mit dieser Frage hat auch Dietrich Bonhoeffer in seiner Gefängniszelle gerungen. Er schrieb:

Wer bin ich? Sie sagen mir oft, ich trete aus meiner Zelle gelassen und heiter und fest wie ein Gutsherr aus seinem Schloss.

Wer bin ich? Sie sagen mir oft, ich spräche mit meinen Bewachern frei und freundlich und klar, als hätte ich zu gebieten.

Wer bin ich? Sie sagen mir auch, ich trüge die Tage des Unglücks gleichmütig, lächelnd und stolz, wie einer, der siegen gewohnt ist. Bin ich das wirklich, was andere von mir sagen?

Oder bin ich nur das, was ich selbst von mir weiß? Unruhig, sehnsüchtig, krank, wie ein Vogel im Käfig, ringend nach Lebensatem, als würgte mir einer die Kehle, hungernd nach Farben, nach Blumen, nach Vogelstimmen, dürstend nach guten Worten, nach menschlicher Nähe, zitternd vor Zorn über Willkür und kleinlichste Kränkung, umgetrieben vom Warten auf große Dinge, ohnmächtig bangend um Freunde in endloser Ferne, müde und leer zum Beten, zum Denken, zum Schaffen, matt und bereit, von allem Abschied zu nehmen?

Wer bin ich? Der oder jener? Bin ich denn heute dieser und morgen ein andrer? Bin ich beides zugleich? Vor Menschen ein Heuchler und vor mir selbst ein verächtlich wehleidiger Schwächling? Oder gleicht, was in mir noch ist, dem geschlagenen Heer, das in Unordnung weicht vor schon gewonnenem Sieg? Wer bin ich? Einsames Fragen treibt mit mir Spott. Wer ich auch bin, Du kennst mich, Dein bin ich, o Gott! *

* Dietrich Bonhoeffer, *Widerstand und Ergebung. Briefe und Aufzeichnungen aus der Haft*. Hrsg. von E. Bethge u. a. (Bd. 8 der Werkausgabe), Ed. Kaiser im Gütersloher Verlagshaus Gütersloh 1998, S. 513 f.

Ich habe diesen Text einmal bei einem Konzert auf dem Wittekindshof in Rahden vorgelesen. Dort leben wunderbare Menschen – körperlich oder geistig behindert – zusammen in verschiedenen Wohngruppen. Dieser Text von Dietrich Bonhoeffer lebt ja von der ständigen Wiederholung der Frage: „Wer bin ich?“ Als ich diese Frage gerade das vierte oder fünfte Mal las, rief ein Bewohner nach vorn: „Na, der Andi Weiss!“ Die ganze Truppe lachte. Es tut immer wieder gut, daran erinnert zu werden …

Wenn der Regen in dir fällt

Wenn der Regen in dir fällt,
keiner erklärt dir deine Welt.
Wenn sich dein Tag nicht erhellt,
sich viel zu viel gegen dich stellt.

Dann mal ich dir den Himmel blau,
bin auch bei dir – ist er mal grau.
Ich verteidig dein Revier –
denn du gehörst zu mir – und ich zu dir.

Wird dein Leben immer schlimmer,
fehlt in dir die weite Sicht –
bin ich der, der dich erinnert:
dich an dich –
und dich an mich.

Wenn dich jemand laut verlacht,
über dich sich lustig macht,
deine Angst hält dich in Schach
und nichts vertreibt dir deine Nacht.

Bist du dann groß und stark
und ein Gewinner,
scheinbar brauchst du mich dann nicht –
dann bin ich der, der dich erinnert:
dich an dich –
und dich an mich.

Ich teil mit dir dein Leben, deine Tage.
Wenn dich Zweifel überkommt, dann bin ich für dich da.
Ich bleib bei dir im Dunkeln, keine Frage!
Wenn dein Sinn dir still entgleist –
wenn du nicht mehr weiterweißt.

Text und Melodie: Andi Weiss, CD:
„Lieb dich gesund", © Andi Weiss

Und wer bin ich nicht?

Ein junger Mann kam zum Beratungsgespräch zu mir. Schnell zählte er auf, was ihn so alles quälte: „Ich bin zu dick! Ich bin zu faul! Ich stinke! …" Die Liste war noch viel länger, und irgendwie erinnerte mich seine Aufzählung an den alten Werbeclip einer Bank, in dem der eine Mann dem anderen stolz seine Errungenschaften präsentiert: „Mein Haus! Mein Auto! Mein Boot!" Ich persönlich halte mich nicht für kompetent, die äußerlichen Vorzüge von Männern beurteilen zu können, und dennoch verspürte ich den Drang, ihm entschieden zu widersprechen. Ich fand nicht, dass der junge Mann streng roch oder auffallend unattraktiv war. Und hatte er mir nicht gerade erzählt, dass er neben seiner Arbeit noch die Abendschule besuche? Wie konnte er sich da eine so ausgeprägte Faulheit attestieren?

Ich bat ihn, seine Aussagen über sich selbst auf ein Blatt Papier zu schreiben. Schnell war das Blatt mit vielen negativen Sätzen gefüllt. Dann begaben wir uns gemeinsam auf die Suche, wie es zu diesen Aussagen gekommen war. Es brauchte seine Zeit. Es war schon fast kriminalistische Feinarbeit. Doch irgendwann brach der Damm und er fasste Mut und ging tapfer auf eine kleine biografische Entdeckungsreise. Plötzlich sprudelten die Zusammenhänge nur so aus ihm heraus. Stück für Stück fielen ihm die Menschen ein, die Aussagen über sein Leben gemacht hatten. Aussagen, die viel mehr mit dem Leben des jeweiligen Menschen selbst zu tun hatten.

Da war sein Vater, der nach 30 Jahren seine Anstellung verloren hatte und seitdem in seiner Arbeitslosigkeit Tag für Tag ein Stückchen mehr am Leben zerbrach. Hinter dem „Du bist zu faul!“ stand eigentlich seine eigene Angst, und die negative Aussage spiegelte eigentlich nur den Wunsch wider: „Mein Junge, sei fleißig! Sonst geht es dir wie mir!“ Vielleicht hätte er das seinem Sohn auch einfach so sagen sollen?

Da war sein magersüchtiger Bruder, der ihm wieder und wieder vorhielt: „Du bist zu dick!“ Er hatte sein eigenes Lebensthema nicht bei sich behalten. Er hat die eigene Krankheit auf den Bruder abgeladen. Vielleicht hatte er auch nur den Wunsch, diese schwere Bürde nicht allein tragen zu müssen, nicht ahnend, welche Last er damit weitergab?

Wir arbeiteten uns Satz für Satz durch die Aussagen und kamen aus dem Staunen nicht heraus. Stück für Stück zerbrach ein großes, mächtiges Wort nach dem anderen. Am Schluss nahm er das Blatt Papier und zerriss es wütend mit den Worten: „Aber das bin ich doch alles gar nicht! Und ab heute werde ich das auch nicht mehr sein!“

Welche Aussagen hat man über Sie gemacht? Was haben Ihnen Eltern, Lehrer, Geschwister oder Freunde gesagt? Vielleicht gut gemeint – aber doch so schlecht gemacht. Wie lange glauben Sie schon, dass Sie zu jung, zu alt, zu dumm, zu hässlich, was auch immer sind?

Mit fällt dazu eine andere Begebenheit ein. Einmal durfte ich einen Bildhauer interviewen und besuchte ihn dazu in seiner Werkstatt. Bildhauerei hat mich schon immer fasziniert. Begeistert bestaunte ich seine Werke. In einer Ecke seiner Werkstatt stand ein rauer, großer, grober Holzklotz. Unbearbeitet, mit Astlöchern und teils abgeblätterter Rinde. Ich fragte scherzend: „Ist das auch Kunst oder kann das weg?"

Der Künstler reagierte ganz irritiert, so als hätte ich seine Frau beleidigt oder die Ehre seiner Familie beschmutzt. Zärtlich strich er über den Klotz, sah das Stück Holz liebevoll an und fragte mit sanfter Stimme: „Siehst du nicht diese wunderschöne Figur? Diese elegante Haltung? Der etwas gekrümmte und doch in den Himmel blickende Körper? Siehst du das nicht?"

Ich wollte nicht unhöflich sein. Alles, was ich sah, war eben ein rauer, großer, grober Holzklotz. Unbearbeitet, mit Astlöchern und teils abgeblätterter Rinde. Es vergingen ein paar Wochen und eines Tages bekam ich einen Brief mit einem Foto. Der Künstler schrieb: „Siehst du es jetzt? Was für eine schöne Figur! Sie war immer schon da! Ich musste sie nur von dem lästigen Holz um sie herum befreien. Aber das war ganz einfach. Ich musste doch nur das wegnehmen, was nicht dazugehörte."

Ich glaube, die Frage „Wer bin ich?" hat auch viel mit der Frage „Wer bin ich nicht?" zu tun.

Der Inder im Flugzeug

Wir sitzen im Flieger. Langstreckenflug. Neben mir ein stämmiger Inder im feinen Business-Zwirn. Keine Überraschung, denn wir fliegen nach Indien. Vor uns liegt eine lange Reise, und das Schönste an langen Reisen sind die vielen Filme, die man sich anschauen kann. Irgendwann wird mir mein Film zu langweilig. Ich lasse meinen Blick schweifen, ergötze mich an der schönen Inneneinrichtung. Man hat ja Zeit. Während meiner Beobachtungsreise schaue ich auch auf den Inder neben mir. Täusche ich mich? Nein, es stimmt, der Mann weint, reibt sich die Augen, putzt sich die Nase. Immer wieder. Ich versuche, den Grund für seinen Gefühlsausbruch herauszufinden, blicke auf seinen Bildschirm und bin verblüfft. Vor ihm läuft Walt Disneys „Hässliches Entlein" und gerade wird das vermeintlich „hässliche" Entlein ob seiner Hässlichkeit von den anderen Enten verjagt und aus der Gemeinschaft ausgeschlossen.

Was mag in diesem Mann vorgehen? Vielleicht erinnert er sich daran, wie er als Kind von anderen ausgeschlossen wurde? Oder vielleicht hat er gerade einen neuen Auftrag angenommen und wird nun aus beruflichen Gründen für eine längere Zeit von seiner Familie getrennt sein? Hat er gerade von seiner Frau den Laufpass bekommen oder seine Arbeitsstelle verloren? Irgendetwas scheint den Mann zu bewegen, der zu Beginn einen so souveränen und erfolgreichen Eindruck auf mich gemacht hat. Ich bin versucht nachzufragen – traue mich aber nicht. Vielleicht ist er ja auch nur erkältet.

C. G. Jung unterscheidet zwischen dem „Ich“ und dem „Selbst“. Das „Ich“ ist der Blick auf meine Fassade. Man sieht nur oberflächlich auf das Leben. Das „Selbst“ dagegen ist wie ein Adler, der über die Landschaft des Lebens fliegt. Dort geht der Blick weit über die Fassade hinaus, die ich vor anderen Menschen aufbaue. Der Adler sieht die gesamte Lebenslandschaft, Hügel und Täler, fruchtbare Felder und Wüstenlandschaften. Alles davon bin aber ich – alles davon macht mich aus.

Ich darf lernen, mich selbst zu verstehen, nicht als Entschuldigung, aber um mich selbst zu begreifen. Dann darf ich ganz heil werden. Denn ich bin auch meine Wunden, meine Baustellen, meine Verletzungen, ich bin auch meine Fehler. So darf ich wohlwollend den Blick in den Spiegel wagen – auf die hellen und die dunklen Seiten. Der liebevolle Blick, der sich selbst vollkommen annimmt und sich doch nicht immer zu ernst nimmt. Der ehrliche Blick, der sich selbst nichts vormachen muss und weiß, dass jede Person dann zur Entfaltung kommt, wenn sie sich an andere verschenkt. Das gibt mir eine neue, liebevolle Perspektive auf mein Leben, die ich von Gott lernen darf. Wie oft sehe ich von einem Menschen nur das Äußerliche. Gott schaut aber liebevoll in unser Herz.

Was kann uns von Gottes Liebe trennen?

Ich finde es immer wieder spannend zu sehen, wie Menschen andere Menschenleben erzählen und mit welch unterschiedlicher Wertschätzung, Einschätzung und Perspektive das geschieht. Ganz besonders fällt mir das auf, wenn ich Menschen beerdige. Da Beerdigungen nicht zu meinen täglichen Aufgaben in meiner Kirchengemeinde gehören, ist die Auseinandersetzung mit diesem Trauerprozess für mich in den vergangenen Jahren nie wirklich Routine geworden: Da stirbt die Frau eines Mannes, den ich schon lange in diesem Abschiednehmen begleite. Da nimmt sich eine junge Frau das Leben, und die Mutter wendet sich an mich, weil sie gerade ein Buch von mir gelesen hat, in dem ich auch über die Hoffnung als Trotz geschrieben habe. Da wenden sich Kinder, deren verstorbener Vater oder verstorbene Mutter aus der Kirche ausgetreten ist, an mich, weil scheinbar niemand sonst in der Stadt die Beerdigung übernehmen will.

Es sind so unterschiedliche Wege vom Leben zum Tod. So unterschiedliche Schlussstriche, die da unter Leben gezogen werden. Es sind so unterschiedliche Menschen, die gehen müssen. Junge wie Alte. Da sind Menschen, die sich lange auf den Tod vorbereiten konnten, andere, die jäh aus dem Leben gerissen werden. Da sind Menschen, die sich so sehr ans Leben geklammert und bis zum letzten Atemzug gekämpft haben, weil sie doch noch so gerne noch so viel erlebt hätten. Und wieder andere setzen ihrem Leben selbst ein Ende, weil sich ein dunkler Schatten in ihrer Seele festgebissen hat und jeder Tag schier unerträglich geworden ist. Ich begegne so unterschiedlichen Geschichten und Lebenswegen …

Bevor wir dann gemeinsam diesen letzten Gang ans Grab gehen, setze ich mich mit den Angehörigen hin und lasse mir die Lebensgeschichte erzählen, die da zu Ende gegangen ist.

Manchmal kommen Menschen zu mir, die mir trotz der großen Trauer ganz begeistert von diesem wunderbaren Menschen erzählen, der da gerade von uns gegangen ist. Was für ein fehlerloses Leben, was für eine glorreiche Biografie, was für ein erfolgreicher Lebensweg das doch war. Wie gut, wie liebevoll und friedenstiftend dieser Mensch war. Und während sie gerade so schwärmen und schwelgen, bin ich manchmal schon geneigt, zu unterbrechen und nachzufragen, ob das nun eine Trauerfeier oder eine Heiligsprechung werden soll.

Und manchmal ist es genau andersherum. Erst neulich kam jemand ganz aufgewühlt zu mir: „Jetzt erzähle ich Ihnen einmal, was für ein Halunke das war! Wen er alles verletzt hat! Was er alles kaputt gemacht hat! Was er alles nicht auf die Reihe gekriegt hat! Wie schlecht dieser Mensch doch war!“ Eigentlich wünscht sich hier jemand, dass ich doch am offenen Grab dann noch schmutzige Wäsche wasche.

Um ganz ehrlich zu sein: Ich glaube beide dieser Geschichten nicht. Ich glaube nicht, dass es makellose Biografien oder scherbenlose Lebenswege gibt. Aber ich glaube auch nicht, dass es Menschen gibt, die von Grund auf nur schlecht sind.

Ich denke nicht, dass auf dieser Erde auch nur ein Mensch existiert, der hier nutzlos, grundlos oder sinnlos sein Dasein fristet. Denn gerade als Christ glaube ich, dass der Wert eines Menschen nicht allein von seinen Taten, seiner Geschichte, seinen Erfolgen oder Niederlagen abhängt. In einem meiner Lieder heißt es: *„Du bist geliebt – du bist doch viel mehr wert, als jedes Auge sieht. Behalt dir diesen Schatz, wenn alles um dich flieht. Du bist geliebt."* Als ich neulich einem Bekannten dieses Lied vorspielte, wurde er traurig und sagte: „Bei deinem letzten Album hast du uns ‚Nie allein' zugesungen. Und darauf kann ich auch wirklich hoffen! Aber dass ich geliebt bin, das kann ich manchmal einfach nicht glauben …!"

Ich teile seine Einstellung. Manchmal fällt es auch mir schwer zu glauben, dass ich geliebt bin. Aber wenn ich dann bei einer Beerdigung mit den Trauernden am offenen Grab stehe, lese ich – fast schon als Protest – aus dem 8. Kapitel des Römerbriefes. Paulus stellt dort die Frage, was einen Menschen von Gottes Liebe trennen kann: Gutes oder Schlechtes? Hohes oder Tiefes? Ein großartiger beruflicher Erfolg? Oder herbe private Niederlagen, dunkle Täler? Zweisamkeit oder Einsamkeit? Gesundheit oder Krankheit? Das Leben oder der Tod? Ein großartiger, begeisterter Glaube oder nagender Zweifel? Was kann einen Menschen eigentlich von Gottes Liebe trennen?

Und Paulus gibt auch selbst die Antwort auf diese Frage. Er sagt: „Nichts, aber auch gar nichts kann einen Menschen von Gottes großer Liebe trennen." Und genau daran glaube ich, darauf hoffe ich: dass der Gott, der jeden einzelnen Menschen in diese Welt hineingeliebt hat, auch jeden Menschen in liebevollen Armen empfangen wird. Auch wenn das unsere menschliche Vorstellungskraft komplett sprengt. Liebe ist ein teures Gut, selbst wenn das Wort „Liebe" oft so billig und leichtfertig gebraucht wird. Aber nur die Liebe kann Menschen aus dem Korsett der Angst befreien. Nur die Liebe kann Menschen wirklich heilen. Nur die Liebe kann trotz aller Unterschiede Grenzen überwinden. Nur die Liebe kann die Vergangenheit in ein heilsames Licht tauchen, ohne schmerzende Wunden kleinzureden. Nur die Liebe unterteilt nicht in Rasse, Klasse, Hautfarbe, Religion, Herkunft, Einkommen, Auskommen, Nachkommen oder wie auch immer wir Menschen uns gegenseitig be- und verurteilen. Nur die Liebe wird mehr, wenn man sie verschwenderisch verschenkt. Nur die Liebe ist die wahre Messlatte für Erfolg, Sinn und Verwirklichung. Nur die Liebe bleibt – dann, wenn alles andere vergeht –, denn nur die Liebe ist stärker als der Tod.

Lass es am Ende Liebe sein

Wenn das schon das Ende wär,
was würd ich sagen?
Wo wär mein Ziel und wo der Sinn?
Wenn das schon das Ende wär
all meiner Tage –
was wär mein Verlust, was mein Gewinn?

Ich halt mich nicht auf, ich geh weiter,
flieg gegen den Wind.
Ich stell mich, still und stark, vor dich hin.
Ich lauf meinen Lauf, viel weiter, bleibe nicht blind.
Lieb mich, komm, lieb mich, wenn ich's nicht verdien.

Lass es am Ende Liebe sein,
die über allen Dingen steht.
Bring es zu Ende und bring mich heim,
wenn sonst niemand mit mir geht –
wenn sonst niemand zu mir steht.

Wenn das schon das Ende wär,
würd ich mich fragen,
hätte ich mein Ziel erreicht?
Wenn das schon das Ende wär,
was würd mich tragen?
Was hält meine Seele, wenn mein Glaube weicht?

Ich halt mich nicht auf, ich geh weiter,
flieg gegen den Wind.
Ich stell mich, still und stark, vor dich hin.
Ich lauf meinen Lauf, viel weiter, bleibe nicht blind.
Lieb mich, komm, lieb mich, wenn ich's nicht verdien.

Text und Melodie: Andi Weiss, CD:
„Lieb dich gesund“, © Andi Weiss

Nicht wegwerfen, sondern reparieren

Von Barack Obama und seiner Frau Michelle wird folgende Geschichte erzählt. Ob sie stimmt? Wer weiß das schon. Eines Tages wollte das Präsidentenehepaar dem stressigen Protokoll im Weißen Haus entkommen und ging für ein ungezwungenes Abendessen in ein Restaurant, das nicht gerade allzu luxuriös war. Als die beiden Platz nahmen, fragte der Besitzer des Restaurants einen der Security-Männer des Geheimdienstes, ob er nicht einmal mit der First Lady sprechen könne, ganz privat. Die Security sah hierin keine Gefährdung und machte ein kurzes Gespräch mit Michelle Obama möglich.

Natürlich war Obama neugierig und wollte anschließend von Michelle wissen, was es denn „Privates" mit dem Restaurantbesitzer zu besprechen gab. Michelle gestand, dass sie sich aus ihrer Jugend kennen würden und sie damals unsterblich in den Restaurantbesitzer verliebt gewesen sei.

Mit einem Lächeln im Gesicht entgegnete Präsident Obama: „Also, wenn du ihn geheiratet hättest, wärst du jetzt die Besitzerin dieses schönen Restaurants."

„Nein", gab Michelle trocken zurück, „wenn ich ihn geheiratet hätte, wäre er jetzt der Präsident."

Es gibt Geschichten, die man sich erzählt und die auch tatsächlich der Wahrheit entsprechen. Bei anderen Geschichten, die man sich erzählt, weiß man nicht, ob sie tatsächlich passiert sind oder nicht – aber trotzdem steckt in ihnen viel Wahrheit.

Was wären wir ohne unsere Partner – auch wenn wir das vielleicht manchmal im Beziehungsalltag vergessen? Neulich ging ein uraltes Pärchen händchenhaltend vor mir durch die Münchner Fußgängerzone. Irgendwann verabschiedeten sich die beiden mit Küsschen und jeder ging seiner Shoppingwege. Was für ein schönes Bild! Ich musste daran denken, was Paare eigentlich langfristig verbindet. Es ist ja nicht selbstverständlich, dass eine Beziehung so lange hält.

Eine alte Dame wurde an ihrem 60. Hochzeitstag gefragt, ob sie in diesen vielen Ehejahren nicht ein Mal an Scheidung gedacht habe. Sie widersprach vehement. Nein, an Scheidung habe sie nicht gedacht. An Mord schon!

Meine Frau hat einmal zu mir gesagt, sie wünsche sich, dass ich ganz alt werden möge, damit wir lange zusammenbleiben können. Ich habe mich sehr über die Aussage gefreut, bis sie weitersprach: „Wer soll denn sonst unsere Steuererklärung machen?“ Wir mussten lachen.

Ja, Liebe ist manchmal sachlich, und die Gründe dafür, warum Paare zusammenbleiben, sind manchmal ganz unterschiedlich. Die wirklich beste Antwort auf die Frage, was ein Paar so lange zusammenhält, gab aber einmal eine alte Frau, die nach sehr vielen Ehejahren sagte: „Wir wurden einfach in einer Zeit geboren, in der es normal war, Dinge, die kaputt gegangen sind, nicht einfach wegzuwerfen – sondern zu reparieren.“

Ein kleines Liebeslied

Wieder wird mein Herz ganz still,
fragt sich, was es sagen will.
Fragt sich, wie – mit welchen Worten,
welchen Farben es nun spricht – und sagt:
Ich liebe dich.

Meine Seele kreist um sich,
sucht Verwandte – findet dich.
Stellt sich zärtlich auf dich ein –
sagt dir fern jeder Heuchelei – ins Gesicht:
Ich liebe dich.

Dieses kleine, aber feine, manchmal
viel zu leise Liebeslied –
ich sing es und hoffe, dir gefällt
dieses kleine, aber feine, sicher
ernst gemeinte Liebeslied.
Ich sing es – nur für dich –
in dein und meiner Welt.

Wie viele Wege wir noch gehn –
wie viel von uns wir je verstehn.
Wie oft man wieder Frieden schließt –
und die Zweisamkeit genießt.
Ich weiß es nicht, nur eins:
Ich liebe dich.

Text und Melodie: Andi Weiss, CD:
„Lieb dich gesund", © Andi Weiss

Vom guten und schlechten Vergleichen

„Heiraten ist wie eine Essensbestellung im Restaurant – ob deine Wahl gut war, siehst du, wenn dein Nachbar das Essen bekommt!" Was für ein Spruch! Wir Menschen lieben es, uns mit anderen zu vergleichen. Ich kann das verstehen. Mir geht es da nicht anders. Wir sind ja vor noch gar nicht allzu langer Zeit Eltern geworden. Und als wir so ganz frisch unseren neuen Erdenbürger in den Armen halten durften, war uns natürlich auch sofort klar: Wir haben das schönste, das wunderbarste, das klügste und tollste Kind der Welt! Natürlich, das denken ja alle Eltern – nur bei uns ist es wirklich so. Schon wenige Tage nach der Geburt beginnt für den Kleinen und auch für die mitwachsenden Eltern recht bald die große Olympiade des Lebens. Kann er das schon? Und jenes? Dreht er sich schon? Kann er schon laufen? Kann er schon sprechen? Ist er schon sauber? Geht er auch schon auf das Töpfchen? Kocht er sich schon selbst? Hilft er im Haushalt mit? Wie sieht es mit der dritten Fremdsprache aus, damit er sich auch ordentlich im internationalen Kindergarten unterhalten kann? Puh! Für frischgebackene Eltern ist das ganz schön anstrengend. Ich habe in den vergangenen Monaten immer wieder festgestellt, dass jedes Kind seine eigene Zeit und seine eigene Entwicklung hat und braucht. Da kann das eine Kind früher laufen, dafür lernt das andere

Kind schneller sprechen. Jedes Kind braucht seine Zeit und seine Freiheit, so sein zu dürfen, wie es ist. Und doch ertappe auch ich mich als Erwachsener immer wieder dabei, wie ich mich mit anderen vergleiche. Denn das Vergleichen macht ja nicht vor Erwachsenen und auch nicht vor Christen halt. Die Jünger diskutieren einmal über die Frage, wer wohl der Größte unter ihnen sei. Aber Gottes Karriereleiter ist nicht der Weg von unten nach oben – keine menschlich erschaffene Hierarchie –, auf der letztendlich doch nur die Menschen meinen, Gott näher und den Menschen erhabener zu sein. Gottes Weg ist der Weg von oben nach unten. Vom Himmel in den Stall, in den Schmutz, zu den Kranken, zu den Alten, zu den Ausgestoßenen.

„Das Vergleichen ist das Ende des Glücks und der Anfang der Unzufriedenheit“, meint Kierkegaard. Ich konzentriere mich ja beim ungesunden Vergleichen nicht auf meine Schätze, meine Geschenke, meine Aufgabe und somit mein Leben, sondern ich gleiche ab: Was hat der, was ich nicht habe? Luther übersetzt das zehnte Gebote mit: *„Du sollst nicht begehren deines Nächsten Haus. Du sollst nicht begehren deines Nächsten Frau, Knecht, Magd, Rind, Esel noch alles, was dein Nächster hat.“* Unabhängig von der wertschätzenden Reihenfolge, bei der die Frau vor dem Vieh genannt wird, will uns das sagen: Vergleich dich nicht. Erfreu dich an den Schätzen, die du hast, und lass dem anderen seine Freude und auch sein Leid – denn er hat genauso wie du auch Freud *und* Leid im Leben zu tragen.

Ungesundes Vergleichen weckt also immer wieder Wünsche und Sehnsüchte in mir, die – sollten sie sich tatsächlich einmal erfüllen – mich nicht wirklich glücklich machen und so meine Seele immer hungrig lassen. Wilhelm Busch dichtete: „*Wonach du sehnlich ausgeschaut, es wurde dir beschieden. Du triumphierst und jubelst laut: Jetzt hab ich endlich Frieden! Ach, Freundchen, rede nicht so wild, bezähme deine Zunge! Ein jeder Wunsch, wenn er erfüllt, kriegt augenblicklich Junge.*" Aber ist denn Vergleichen wirklich immer so falsch?

Zu mir kam einmal eine Frau ganz aufgeregt in die Beratung. Sie sprach von „ein paar Themen", die ihr Leben unerträglich machten und die sie gern gemeinsam mit mir besprechen wolle. Die Anfrage kam wenige Tage vor meiner Sommerpause und so konnte ich der Frau erst in einigen Wochen einen Termin anbieten. Sie nahm den Terminvorschlag dankend an und hatte noch ein zweites Anliegen. Gern würde sie sich ehrenamtlich engagieren, ob ich etwas wüsste? Vielleicht im Krankenhaus? Ich vermittelte sie noch an einen kompetenten Menschen und so verabschiedeten wir uns bis zu unserem vereinbarten Termin. Wenige Tage vor unserem Termin erhielt ich eine Mail, in der diese Frau mir erklärte, dass sie die letzten Wochen fast täglich an den Betten todkranker Menschen verbracht hätte. Sie hätte immer noch das Bedürfnis, „ein paar Themen" mit mir zu besprechen. Aber sie hätte keine Zeit, denn sie wäre gerade bei „ihren Kranken" unabkömmlich. Und im Angesicht dieser schweren Erkrankungen und dieses unsagbaren Leids hätte sie noch einmal eine andere Sicht auf ihre Probleme bekommen.

Kennen Sie diese Tage auch? Ja, genau *diese* Tage! Da kommt manchmal eins zum andern. Und man ertrinkt ruckzuck in Selbstmitleid. Da braucht man manchmal jemanden, der einem die dichte graue Wolkendecke beiseiteschiebt. Eigentlich mag ich keine Massenmails. Aber neulich bekam ich an *genau so einem Tag* eine Mail – genau zum richtigen Zeitpunkt –, die ich Ihnen nicht vorenthalten möchte:

Herzlichen Glückwunsch! Wenn Sie heute Morgen Essen in Ihrem Kühlschrank und heute Nacht ein Dach über dem Kopf und ein Bett gehabt haben, sind Sie schon reicher als 75 % der Weltbevölkerung. Wenn Sie ein eigenes Konto bei einer Bank haben, gehören Sie zu den 8 % der Reichen dieser Welt. Wenn Sie mehr als 100 g Reis pro Tag zu essen haben, dann geht es Ihnen besser als ⅓ der Weltbevölkerung. Wenn Sie heute Morgen gesund aufgewacht sind, geht es Ihnen besser als der 1 Million Menschen, die diese Woche nicht überleben werden. Wer in die Schule gehen darf, hat Glück, 1,2 Milliarden Kinder haben nicht die Chance zu lernen. Wenn Sie noch nie die Gefahr eines Krieges, die Einsamkeit einer Gefangenschaft, den Schmerz von Folterung oder das Elend von Hunger erlebt haben, geht es Ihnen besser als 500 Millionen anderen Menschen dieser Erde. Wenn Sie an einer öffentlichen christlichen Veranstaltung teilnehmen können – heute Morgen dem Gottesdienst – ohne die Gefahr, bedroht, verhaftet oder getötet zu werden, sind Sie besser dran als 3 Milliarden anderer Menschen. Wenn Sie immer frisches Trinkwasser zur Verfügung haben, geht es Ihnen besser als 1 Milliarde Menschen in den Entwicklungsländern. Wenn Sie lesen können, dann seien Sie glücklich! Über 2 Milliarden Menschen können nicht lesen und schreiben.

Vergleichen Sie sich ruhig nur, aber bitte gesund!

Die Kraft der Worte

16 000 Wörter redet ein Mensch pro Tag. Das behauptet zumindest der Linguist Matthias Mehl.

Ob man dieser Erkenntnis Glauben schenken will, sei dahingestellt. Ich bezweifle die Statistik – denn laut Mehl soll diese Anzahl der Worte pro Tag bei Männern und Frauen gleich sein. Gut, bei den getesteten Frauen waren es ein paar Hundert – für die Statistik nicht relevante – Wörter mehr als bei den Männern, aber diese Information macht das Zahlenkunstwerk noch nicht glaubwürdiger. Ich will mich trotzdem an diese besondere Zahl heranwagen. 16 000 Wörter sind es also, die wir im Schnitt jeden Tag sprechen. Jetzt kennen Sie sicher Menschen, die ihr Wörterbudget abends noch lange nicht ansatzweise aufgebraucht haben. Und dann gibt es wiederum Menschen, die eigentlich ab dem Frühstück schweigen müssten, um der Statistik gerecht zu werden. Für mich stellt sich aber eher die Frage, *welche* Worte und nicht, *wie viele* wir jeden Tag sprechen. Wie viele Worte davon sind wahr und wie viele gelogen? Wie vielen liegt eine gute Absicht zugrunde und wie viele kommen doch nicht beim Empfänger so an? Wie viele dieser Worte stiften Frieden und wie viele bringen den Krieg? Wie viele Worte verbinden und wie viele trennen? Worte sind mächtig, sie haben eine enorme Kraft. Der berühmte Arzt Asklepios riet behandelnden Ärzten, „zuerst das Wort, dann die Pflanze, zuletzt das Messer“ anzuwenden. Worte können gesund und krank machen. Worte können heilen und töten. Worte können pflanzen und ausreißen, aufbauen und zerstören, entlasten und belasten, verbinden und trennen. Im Talmud heißt es: *„Achte auf deine Gedanken, denn sie werden Worte. Achte auf deine Worte, denn sie werden Handlungen. Achte auf deine Handlungen, denn sie werden Gewohnheiten. Achte auf deine Gewohnheiten, denn sie werden dein Charakter. Achte auf deinen Charakter, denn er wird dein Schicksal.“*

Die Art und Weise, wie wir miteinander umgehen, liegt also darin begründet, wie wir voneinander denken. Die französische Karmeliterin Thérèse von Lisieux schwärmte: *„Nichts macht glücklicher, als gut über den Nächsten zu denken“*, denn sie war sich sicher, dass die Liebe zu Gott an der Liebe zum Nächsten gemessen wird. Die Kernaussage der Bergpredigt Jesu findet sich in Matthäus 7, Vers 12: *„Alles nun, was ihr wollt, dass euch die Leute tun sollen, das tut ihnen auch! Das ist das Gesetz und die Propheten.“* Ich will einmal versuchen, den Satz aus einer anderen Perspektive anzugehen. Ich frage mich nicht, was ich gerade dem anderen (an-)tun möchte. Ich frage mich, was ich mir selbst wünschen würde. Was wünschen Sie sich von anderen Menschen? Wie soll Ihr Arbeitskollege, Ihr Ehepartner, Ihr Kind, Ihr Vater, Ihre Mutter, Ihr Chef … wer auch immer mit Ihnen umgehen? Dann, wenn Ihnen etwas Schlimmes passiert ist? Wenn Sie traurig sind? Wenn Sie einen Fehler gemacht haben? Wenn Sie sich schämen und am liebsten vor der ganzen Welt verstecken würden? Was würde Ihnen guttun? Und behandeln Sie Ihr Gegenüber genauso liebevoll?

Von Sokrates wird folgende Geschichte erzählt:

Eines Tages kam ein Mann aufgeregt zu Sokrates. „Sokrates, hast du gehört, was dein Freund getan hat? Das muss ich dir gleich erzählen."

„Moment mal", unterbrach ihn der Weise. „Hast du das, was du mir sagen willst, durch die drei Siebe gesiebt?"

„Drei Siebe?", fragte der andere voller Verwunderung.

„Ja, mein Lieber, drei Siebe. Lass sehen, ob das, was du mir zu sagen hast, durch die drei Siebe hindurchgeht. Das erste Sieb ist die Wahrheit. Hast du alles, was du mir erzählen willst, geprüft, ob es wahr ist?"

„Nein, ich hörte es irgendwo und –"

„So, so! Aber sicher hast du es mit dem zweiten Sieb geprüft. Es ist das Sieb der Güte. Ist das, was du mir erzählen willst – wenn es sich schon nicht als wahr erwiesen hat –, so doch wenigstens gut?"

Zögernd sagte der andere: „Nein, das nicht, im Gegenteil –"

„Aha!", unterbrach Sokrates ihn. „So lass uns auch das dritte Sieb noch anwenden und fragen, ob es notwendig ist, mir das zu erzählen, was dich erregt?"

„Notwendig nun gerade nicht –"

„Also", lächelte der Weise, „wenn das, was du mir erzählen willst, weder erwiesenermaßen wahr noch gut noch notwendig ist, so lass es begraben sein, und belaste dich und mich nicht damit!"

FEUER!

Vor vielen Jahren habe ich einmal ein Praktikum im Krankenhaus gemacht. Und was passiert natürlich, wenn man im Krankenhaus arbeitet? Natürlich! Man verliebt sich! Ich habe mich auch verliebt. Allerdings nicht in eine Schwester, sondern in eine Patientin: Frau Nowack. Es war Liebe auf den ersten Blick! Wir haben uns auf Anhieb gut verstanden. Also, sie hat *mich* gut verstanden, wenn ich langsam, laut und deutlich gesprochen habe. Ich habe wiederum *sie* gut verstanden, wenn ich ihr zuvor ihr Gebiss ausgehändigt hatte. Das wiederum geschah bei unserem täglichen Morgenritual. Jeden Morgen ging ich in ihr Bad, fischte mit der einen Hand ihr Gebiss aus dem Glas, nahm in die andere Hand ihre Haarbürste und schritt mit diesen beiden wichtigen Utensilien auf ihr Bett zu. Da ich während dieser Zeit beim Radio arbeitete, habe ich Frau Nowack auch jeden Morgen interviewt. Frau Nowack war Langzeitpatientin und hatte sich in den vergangenen Monaten angewöhnt, nicht mehr auf die Klingel zu drücken, sondern laut „Hallo … Halllooo … Hallloooo“ zu rufen. Man glaubt gar nicht, was für eine Kondition alte Damen besitzen! Nun war die Problemlage von Frau Nowack meistens auf den Wunsch beschränkt, mehr Süßstoff in ihren Kaffee zu bekommen oder einfach einen kleinen Plausch zu halten. Das wussten die Schwestern mit der Zeit und deshalb hieß es dann immer: „Andi, deine Freundin ruft!" Frau Nowack merkte irgendwann, dass nur noch ich erschien, wenn sie um Hilfe rief. Sie sprach mich darauf an. In meinem jugendlichen Leichtsinn riet ich ihr, doch einfach einmal den Hilferuf zu ändern. Ich war mir sicher, dass dann auch wieder Schwestern zu ihr kommen würden. „Rufen Sie doch das nächste Mal einfach ‚Feuer!'", riet ich ihr. Nein, das wollte sie nicht. Das sei doch nicht erlaubt. Als ich ein paar Tage später gerade wieder auf die Station kam, um mich für meinen Dienst umzuziehen, sah ich, wie gleich drei Schwestern auf einmal aus ihrer Teeküche in das Zimmer von Frau Nowack stürmten. Von dort hörte man nämlich einen eindrücklichen Ruf: „Feuer! Feeeuuueer! Feeeuuuueeeerrr!" Wie sie auf diese Idee gekommen ist, so etwas zu rufen, konnte sich auf Station 11 niemand erklären …

Hören wir eigentlich noch die Hilfeschreie unserer Mitmenschen? Der mexikanische Schriftsteller Octavio Paz hat einmal kritisch formuliert: *„Die Christen lieben ihre Nächsten nicht. Und sie lieben sie nicht, weil sie an den anderen nie wirklich geglaubt haben. Die Geschichte lehrt uns, dass sie ihn, wo sie ihm begegnet sind, bekehrt oder vernichtet haben."* Sind wir heute noch bereit, unsere Schmerzen gemeinsam zu teilen? Sind wir bereit zuzuhören – anstatt sofort zu reden? Sind wir bereit, gemeinsam Fragen zu stellen – ohne sofort Antworten zu geben? Leiden wir mit anderen, setzen wir uns zuerst zu ihnen „in die Grube" und trauern mit – ohne gleich Auswege vorzuschlagen? Nehmen wir andere Menschen mit ihrer ganz persönlichen Geschichte ernst?

In dem bewegenden Film „Die letzte Stufe“ über das Leben und Sterben von Dietrich Bonhoeffer steht Ulrich Tukur, der Bonhoeffer in diesem Film spielt, in einer zerstörten Kirche. Aus den Trümmern hebt er das Kreuz auf und stellt es mit den Worten zurück auf den Altar: *„Wir brauchen ein erneuertes Christentum, denn unsere Welt ist mündig geworden. In einer modernen Welt muss Religion vor allem ein Ziel haben: Wir müssen unsere Not und unser Leid teilen. Und damit auch das Leiden Gottes in einer gottlosen Welt. Wir brauchen viel mehr als eine Religion der frommen Worte. Wir brauchen Glauben und in seinem Zentrum Jesus Christus. Wahres Christentum heißt: Teile des anderen Schmerz. Wir können den Tag nicht voraussagen, an dem berufene Menschen das Wort Gottes wieder so aussprechen, dass sich die Welt darunter verändert und erneuert. Aber wenn dieser Tag kommt, wird es eine neue Sprache sein. Vielleicht ganz unreligiös, aber befreiend und wirklich erlösend. So wie die Sprache Jesu. Sie wird die Menschen entsetzen, entsetzen durch ihre Gewalt. Diese Sprache einer neuen Wahrheit verkündigt den Frieden Gottes mit der Welt.“*

Die glücklichste Frau der Welt

Nach einem Konzert kam einmal eine Dame auf mich zu und sagte zu mir: „Herr Weiss, ich bin die glücklichste Frau auf der ganzen Welt!"

Ich zu ihr: „Bitte verraten Sie mir ihr Geheimrezept!"

Ihre Antwort: „Ich bin Alkoholikerin!"

Daraufhin ich: „Jetzt wird es spannend!"

Rasch stellte sie klar, dass sie eine „trockene Alkoholikerin" sei. Aber dass sie mir das so ins Gesicht sagen könne, das machte sie zur glücklichsten Frau der Welt. Sie schwärmte davon, wie wundervoll es doch sei, endlich niemanden mehr anlügen, nichts mehr verheimlichen und verbergen zu müssen. Und dann fing sie an und erzählte mir ihre Lebensgeschichte. Eine furchtbare Lebensgeschichte. Und während sie so erzählte, schaute ich offenbar immer mitleidiger. Plötzlich packte sie mich am Arm und sagte: „Alles, aber bitte nur kein Mitleid! Ich möchte keinen einzigen Tag meines Lebens missen. Selbst den dunkelsten Tag meines Lebens möchte ich nicht missen, denn jeder einzelne Tag hat mich zu dem Menschen, zu der Frau gemacht, die ich heute bin! Wissen Sie, heute arbeite ich mit alkoholkranken Menschen zusammen. Und wenn diese Menschen zu mir kommen und mir ihre Lebensgeschichte erzählen, dann sind da furchtbare, schreckliche, tragische Geschichten dabei. Und wenn sie dann fertig erzählt haben, beklagen die Menschen oft, dass ich zwar jetzt ihre Lebensgeschichte kennen würde, sie aber noch lange nicht verstehen könne. Und wenn ich ihnen dann sage, dass ich sie sehr gut verstehe, dann sind diese Worte unbezahlbar. Ich bin die glücklichste Frau auf der ganzen Welt. Denn jeder einzelne Tag hat mich zu der Person, zu der Frau gemacht, die ich heute bin."

Dietrich Bonhoeffer schrieb: *„Ich glaube, dass Gott aus allem, auch aus dem Bösesten, Gutes entstehen lassen kann und will. Dafür braucht er Menschen, die sich alle Dinge zum Besten dienen lassen. Ich glaube, dass Gott uns in jeder Notlage so viel Widerstandskraft geben will, wie wir brauchen. Aber er gibt sie nicht im Voraus, damit wir uns nicht auf uns selbst, sondern allein auf ihn verlassen. In solchem Glauben müsste alle Angst vor der Zukunft überwunden sein. Ich glaube, dass auch unsere Fehler und Irrtümer nicht vergeblich sind und dass es Gott nicht schwerer ist, mit ihnen fertigzuwerden, als mit unseren vermeintlichen Guttaten."**

Am Ende unseres Gesprächs sagte die Frau dann vier Worte, die sich bei mir sehr eingeprägt haben: „Alles hatte seinen Grund!"

* Dietrich Bonhoeffer, *Widerstand und Ergebung*, a. a. O., Seite 30.

Alles hatte seinen Grund

Wenn du plötzlich nicht nur Tränen siehst –
deine Welt um dich wird bunt.
Und wieder Blut durch deine Venen fließt –
du fühlst dich nur gesund.

Hast Himmelhoch-Gefühle,
Frühling in der Luft.
Gestern war noch Traurigkeit,
heut packt dich die Lust.

Wer ist schon gerne tränenreich,
wer hat nicht gerne Glück?
Und wer nicht gern den Sternen gleich –
und strahlt bis hier zurück.

Kein Weg ist gerade,
kein Leben läuft nur rund.
Komm, sei dir nicht zu schade –
alles hatte seinen Grund.

Wenn du plötzlich wieder Sinn entdeckst –
und für dein Leiden ein Warum.
Wenn du ganz sanft das pure Leben schmeckst –
und nichts wirft dich so leicht um.

Sitzt nicht mehr zwischen Stühlen,
gehst deinen eignen Weg.
Du kannst dich wieder fühln,
weißt, dass es weitergeht.

Text und Melodie: Andi Weiss, CD:
„Lieb dich gesund“, © Andi Weiss

50 Euro

Mich bewegt die Geschichte einer Frau, die zu ihrem Seelsorger geht. Sie erzählt ihm aus ihrem Leben. Ein dunkles Leben. Eine schwierige Kindheit, eine noch schwierigere Jugend. Als sie am Ende angekommen ist, sagt sie: „Verstehen Sie mich jetzt? Verstehen Sie, warum ich mich selbst nicht lieben kann? Verstehen Sie jetzt, warum ich mich so schmutzig und so wertlos fühle?"

Der Mann nimmt daraufhin einen Geldschein in die Hand und fragt: „Was ist dieser Geldschein wert?"

Die Frau antwortet: „50 Euro – steht doch drauf!"

Dann nimmt der Mann der Geldschein, zerknüllt ihn, macht Risse hinein, er wirft ihn auf den Boden und tritt mit den Schuhen darauf herum. Anschließend hebt er den Geldschein wieder auf und zeigt ihn erneut der Frau: „Was ist der Geldschein denn jetzt wert?"

Mit Tränen in den Augen antwortet die Frau: „50 Euro."

Was hält Sie davon ab, sich selbst zu lieben? Sind es die Momente in Ihrem Leben, in denen Menschen an Ihnen schuldig geworden sind? Und Sie fragen sich schon seit so vielen Jahren, wann diese Wunden endlich aufhören wehzutun und die Verletzungen endlich heilen dürfen? Vielleicht sind es aber auch die Momente Ihres Lebens, in denen *Sie* schuldig geworden sind. An Gott? An anderen Menschen? An sich selbst? Und vielleicht fragen Sie sich schon so lange, wie es Ihnen trotzdem gelingen könnte, sich selbst zu lieben? Vielleicht leiden Sie gerade unter einer schweren Krankheit? Und immer wenn Sie sich anschauen, wenn Sie in den Spiegel schauen, Ihren Körper, Ihr Leben sehen, dann sehen Sie so viele Argumente, die dagegen sprechen, dass Sie es wert sind, geliebt zu werden. Nicht von Gott, nicht von anderen Menschen, und schon gar nicht von sich selbst.

Sie sind doch nicht nur Ihre Krankheit. Sie sind doch nicht nur Ihre Lasten, Ihre Sorgen, Ihre Wunden oder Verletzungen. Sie sind doch so viel mehr! In Ihnen liegt ein gesunder, ein heiler Kern. Im Psalm 139 lesen wir, dass Gott sich schon vor unserer Geburt kreative Gedanken gemacht hat, mit welchen großen Schätzen er uns ausstatten wird. Und diese Schätze kann uns niemand nehmen, die kann niemand kaputt machen oder stehlen. Teresa von Ávila hat einmal gesagt: *„Hätte ich gewusst, welch große Königin in mir wohnt – ich hätte ihn viel öfter besucht.“*

In Indien begrüßen sich die Menschen mit *„Namaste“*. Sie sagen sich damit: „Ich sehe den göttlichen Funken in dir!“ Ich wünsche mir, dass ich lerne, durch mein Leben, mein Verhalten, die Art und Weise, wie ich mit Menschen rede, mich und andere daran zu erinnern, dass in uns ein göttlicher Funke wohnt, ein gesunder, heiler Kern, den Gott schon lange vor unserer Geburt in uns hineingelegt hat. Diesen „göttlichen Funken“ gemeinsam unter den Bruchstücken und Trümmern des Lebens zu entdecken und ans Tageslicht zu fördern, ist unsere größte Aufgabe als Menschen. Was würde sich verändern, wenn wir anfangen würden, genau das zu tun?

Vielleicht sehen Sie gerade nur Ihre Traurigkeit, Ihre Wunden, Ihre Verletzungen, Ihre Einsamkeit, Ihre Arbeitslosigkeit, Ihre Sorgen, Ihre Ängste. Aber ich sehe das Schöne, das Gott in Sie hineingelegt hat, das Wundervolle, das Gute, Gesunde, Friedvolle und Liebevolle, das Heile und Heilsame. Was würde sich verändern, wenn wir anfangen würden, uns genau daran zu erinnern? Was würde sich in unseren Familien, an unseren Schulen, an unseren Arbeitsplätzen, in unseren Freundeskreisen verändern? Was würde sich auf unserer Erde verändern, wenn wir anfangen würden, uns Gottes Liebe nicht gegenseitig *abzusprechen* – sondern beginnen würden, uns Gottes Liebe *zuzusprechen*?

Da kommt keiner ran

In dir wohnt ein König,
ein großer, ein wertiger Schatz.
In dir schlummert Schönes,
an deinem geheimen, persönlichen Platz.

In dir liegt ein Wunder,
ein guter, ein heiler Kern.
Hier werden Wunden verbunden,
und könn'n nicht länger störn.

Denn da kommt keiner ran,
das kann keiner zerstörn.
Niemand verachten –
ein Lied, tief in dir,
und nur du kannst es hörn.

Du schaust mich an
und sagst mir, was alles nicht geht.
Was dein Herz nicht verkraftet,
dein Kopf alles nicht versteht.

In dir brennt ein Feuer,
ein heilendes, wärmendes Gut.
Durchwühl deine Asche
und finde in dir wieder Glut.

Und das löscht niemand aus,
nimmt niemand dir weg.
Das kann keiner verletzen –
es liegt tief in dir
und wartet, dass du es entdeckst.

Text und Melodie: Andi Weiss, CD:
„Lieb dich gesund", © Andi Weiss

Wer ist Ihr Claus Meyer?

Seit einigen Jahren besuche ich immer wieder meine Freunde im Wittekindshof, einer Wohngruppe für geistig und körperlich behinderte Menschen in der Nähe von Bielefeld. Vor zwei Jahren habe ich hier im hohen Norden schon einmal ein Konzert gespielt.

Thomas, der Hausleiter, und ich waren bereits die letzten Stunden in den verschiedenen Einrichtungen unterwegs.

Im Haus werde ich von einem charmant lächelnden Herrn in schwarzem Anzug und Fliege empfangen. Ihm fällt das Sprechen schwer. Ich verstehe nicht alles, was er sagt, aber seine Augen leuchten. Er gehe heute Abend zu einem Konzert, erzählt er mir stolz. Deshalb hat er sich schick gemacht. Klasse, sage ich, dann sehen wir uns ja dort! Er freut sich.

Gemeinsam treten wir vor das Haus. Gleich kommen die Bewohner von ihren Werkstätten zurück. Ächzend hält der Bus an der Haltestelle. Ich werde umarmt, geküsst und herzlich begrüßt. Jeder möchte an meiner Hand gehen, und so sind wir ein lustig-trolliges Menschenknäuel, das sich nun auf das Haus zubewegt. Zwei Jahre haben wir uns nicht gesehen – mir kommt es vor, als wäre es gestern gewesen.

Wolfgang, ein kleiner, feiner alter Kerl, zerrt mich am

Arm. „Komm!“, schnaubt er und zieht mich zu seinem Zimmer – natürlich werde ich mir wieder jedes Zimmer anschauen. Wolfgangs Zimmer ist als Erstes dran. „Schau!“ Er zeigt auf sein Keyboard, nimmt seine Gitarre. Er greift einen Fantasieakkord, schlägt in die Seiten und lacht. „Jetzt du!“ Ich spiele auch einen Akkord – der genauso schief klingt wie der von Wolfgang. Er lacht. „Schau!“, sagt er und deutet auf Fotos seiner Freunde, auf Bilder und auf seine Urkunden – 25 Jahre wohnt er nun hier.

Da stürzt Christoph aus seinem Zimmer. In der Eile hat er vergessen, seine Hose hochzuziehen. Er nimmt mich an der Hand und zeigt mir sein Reich. Wie schön, wie liebevoll und persönlich jeder hier seine eigenen vier Wände eingerichtet hat. Klasse!

Claus, ein anderer Bewohner, ruft: „Los, Andi Mainz, mein Zimmer möchte ich dir auch zeigen!“ Dort stehen schon Kartons zum Umzug bereit. „Das kommt weg – und das – das kommt weg – und das bleibt.“ Er zeigt auf die Dinge, die alle noch verpackt und verstaut werden müssen. Claus wird in den nächsten Tagen in eine eigene Wohnung ziehen. Darauf freut er sich schon. „Dann musst du mich besuchen kommen!“, sagt er. Ich gebe ihm mein Versprechen. Einige Monate später stehe ich mit Kuchen vor seiner neuen Wohnung. Stolz öffnet er mir seine Tür und zeigt mir sein neues Zuhause. Dann sitzen wir in der Küche, trinken Kaffee und essen Kuchen. Während des Gesprächs fällt mein Blick auf den großen Wandkalender mit einer Monatsübersicht. Der gesamte Kalendermonat ist leer, nur ein einziger Eintrag – der Tag meines Besuchs. In den Kalender hat Claus meinen Namen geschrieben – „Andi Weiss“ – und daneben eine Sonne gemalt. Gibt es etwas Schöneres, als für einen Menschen da zu sein?

Kennen Sie schon Ihren „Claus Meyer“? Wenn nicht, dann wird es Zeit, dass Sie sich auf die Suche nach ihm machen. Ich kann Ihnen versprechen: Sie stehen bei Ihrem „Claus Meyer“ schon lange im Kalender. Und Ihr „Claus Meyer“ wartet schon lange darauf, dass Sie ihn besuchen kommen. Sie bekommen keinen Besuch? Dann besuchen Sie jemanden! Sie bekommen keine Geschenke? Dann verschenken Sie sich! Sie haben das Gefühl, dass niemand Sie liebt? Dann gehen Sie los und lieben Sie!

In seinem Buch *Und Gott schweigt …?* lässt Edwin Dwinger einen Bauern die Antwort auf diese Frage geben: *„Wie soll Gott sprechen, wenn die Menschen schweigen?“* Und Heinrich Böll schreibt: *„Ich frage mich, wie ist es möglich, dass 800 Millionen Christen diese Welt so wenig zu verändern vermögen. Unsere Welt müsste doch eine sein, in der es keine Angst mehr geben muss vor Hunger und Krieg – und auch nicht vor Lebensumständen, die machen, dass Menschen sich in Notlagen wiederfinden …“*

Komm, gib nicht auf

Dein Weg war nicht grade, mit Kurven bestückt,
und auch jetzt zeigt sich vieles so schlecht.
Du findest das schade, und im Blick zurück
ist so vieles so ungerecht.
Du wärst so gerne ein andrer –
in einem ganz anderen Licht.
Du würdest so gerne tauschen,
aber tauschen kann man halt nicht.

Du hörst dich nur selbst reden, hörst nur,
wenn dein Herz klagt.
Wie oft hat man dir im Leben
schon diese Worte gesagt:

Komm, gib nicht auf – ich weiß, dass es geht.
Heb deinen Kopf, steh wieder auf – du weißt,
es gibt kein Zuspät.
Komm, gib nicht auf – du wirst wieder stehn.
Trau deinen Augen, trau dich zu glauben –
und weiterzugehn.

Wie oft hat man dir schon geholfen,
in Liebe Gutes getan.
Es gibt Menschen, die darauf stolz sind,
wie es dir geht – schau dich doch mal an.
Aber du kennst nur deinen Regen,
dein Wissen und dein schales Sein.
Hörst nie zu, wenn andere reden –
hörst nie, wenn andere schrein.

Du hörst dich nur selbst reden, hörst nur,
wenn dein Herz klagt.
Wie oft hast du im Leben diese Worte schon
andern gesagt?

Hab mit dir Geduld – es geht nicht immer
nur um Schuld.
Es geht nicht immer nur ums eigne Sein –
wer liebt, ist niemals allein.

Text und Melodie: Andi Weiss, CD:
„Lieb dich gesund", © Andi Weiss

„Ich bring dich groß raus!“

Einmal kam nach dem Konzert ein junger Mann auf mich zu und stellte sich mir als „Künstlercoach“ vor. Mit großen Worten brachte er seine Begeisterung für meine Musik auf den Punkt, um dann diese Euphorie mit einem großen Versprechen zu krönen: „Ich bring dich groß raus!“

Ich zog meinen Ausweis aus der Tasche und verwies auf meine Körpergröße. „1,78 Meter – ich finde, das ist groß genug!“

Er widersprach: „Nein, du brauchst große Ziele, ganz konkrete Pläne, Vorstellungen, und dann können wir mit dir große Erfolge feiern! Hast du Ziele?“

„Natürlich habe ich Ziele! Ich habe sogar viele Ziele im Leben“, war meine Antwort.

Er forderte mich auf, meine zwei wichtigsten Ziele zu benennen. Ich überlegte und sagte, dass meine zwei wichtigsten Ziele die Ehrendoktorwürde und der Vorruhestand wären.

Er lachte und ich fühlte mich nicht ernst genommen. „Nein, Andi! Das ist viel zu global gedacht! Du brauchst konkrete, überprüfbare Ziele. Dann kannst du am Ende des Tages schauen, ob du dein Ziel erreicht hast oder nicht.“

Ich sagte ihm, dass ich sehr wohl auch solche Ziele hätte und auch jeden Tag eine ganz besondere Übung mache.

Er wollte wissen, was das für eine Übung sei. Und so erzählte ich ihm, dass ich mich jeden Morgen zu Hause in mein Auto setze, in mein Navigationssystem meine eigene Adresse eingebe, einmal um den Block fahre, und wenn ich dann wieder zu Hause ankomme, sagt die Frauenstimme im Navi: „Sie haben Ihr Ziel erreicht!"

Das Gespräch war dann recht bald zu Ende und ich bin immer noch 1,78 Meter groß.

Haben Sie Ziele? Wie sollte Ihr Leben am letzten Tag Ihres Lebens aussehen? Was macht Ihr Leben am Ende zu einem sinnvollen, wertvollen gelebten Leben? Wann ist eine Biografie eigentlich gelungen? Wann war ein Leben sinnvoll und gut gestaltet? Welche großartige Persönlichkeit kommt Ihnen in den Sinn, wenn Sie sich diese Frage stellen? Mutter Teresa? Albert Schweitzer? Martin Luther King? Dietrich Bonhoeffer? Gandhi? Jesus Christus? Diese Liste könnte man noch lange so weiterführen. Viele Namen – sicher auch viele unbekannte Namen – würden uns einfallen. Menschen, die wir für ihre Taten und ihr Leben bewundern.

Wenn wir einmal vergleichen, was diese Menschen miteinander verbindet, werden wir sehr schnell feststellen, dass diese Menschen alle nur eine einzige Sache gemeinsam haben – ganz egal, wann diese Menschen gelebt haben. Ganz egal, wo diese Menschen gelebt haben. Ganz egal, wie alt diese Menschen waren, ob es Männer oder Frauen, Arme oder Reiche, Menschen aus gutem oder schlechtem Elternhaus waren. Alle diese Menschen verbindet, dass sie irgendwann einmal aufgehört haben, sich nur um sich selbst zu drehen. Alle diese Menschen haben an einem Punkt ihres Lebens aufgehört, nur um ihre eigenen Sorgen, ihre eigenen Themen und Probleme zu kreisen. Alle diese Menschen haben an einem Punkt ihres Lebens angefangen, sich zu verschenken. An Gott. An das Leben. An andere Menschen.

Ich glaube, jeder Mensch steht an jedem Tag seines Lebens vor einer großen Frage. Und jeder Mensch muss jedem Tag mit seinem Leben eine Antwort auf diese große Frage geben: Ist er ein Opfer seines Lebens oder der Held seiner Geschichte. Sind Sie ein Held? Eine Heldin?

Martin Luther King hat einmal gesagt: „*Welcher Arbeit Sie auch in Ihrem Leben nachgehen, machen Sie diese gerne und gut. Wenn Ihre Aufgabe darin besteht, die Straßen zu fegen, dann fegen Sie, wie Michelangelo malte, wie Shakespeare Gedichte schrieb und wie Beethoven komponierte. Fegen Sie die Straßen so, dass alle die himmlischen und auch die irdischen Heerscharen innehalten und sagen: Er lebte als ein großer Straßenfeger und er hat seine Arbeit gut gemacht.*“

Helden

Bist ein Vorbild, ein Begleiter
und gibst andern Menschen Kraft.
Du beweist mir, es geht weiter –
zeigst mir, wie man es wohl schafft.

Du erzählst mit deinem Leben,
schreibst mit deinen Taten auf,
hast mit dir so viel zu geben,
hör nicht auf, hör nicht auf, hör nicht auf.

Helden, für mich seid ihr Helden,
für mich seid ihr stark.
Helden, man würdigt viel zu selten,
lässt viel zu selten gelten,
was man nicht sehen mag.
Ihr seid Helden – jeden Tag.

Du bist der Schreiber deines Lebens,
und es liegt in deiner Hand.
Schreibst Geschichte nicht vergebens
für Kind, Frau, Mann, Eltern, für dein Land.

Lässt dich vom Leben still befragen –
lässt den Dingen nicht nur ihren Lauf.
Bist bereit, dein Los zu tragen.
Hör nicht auf, hör nicht auf, hör nicht auf.

Text und Melodie: Andi Weiss, CD:
„Lieb dich gesund", © Andi Weiss

Auch das geht vorbei …

Gestern habe ich mich gefreut. Ich traf eine Frau, deren Lebensgefährten ich vor einigen Jahren beerdigt hatte. Wieder so eine Geschichte. Viel zu früh gestorben.

Ich habe sie in der Zwischenzeit immer wieder einmal getroffen, aber heute sieht sie anders aus. Die trauernde Witwe strahlt aus allen Poren. Freudig begrüßt sie mich und erkundigt sich, wie es meiner Familie geht.

„Hab ich recht? Sie sind verliebt?“, rutscht es mir heraus.

Und schon geht es los, und euphorisch erzählt sie von ihrem zweiten Frühling, ihrem neuen Glück. In mir kommen die Bilder der Beerdigung hoch. Es war jedes Mal ein und dieselbe Person. Damals – ganz in Schwarz – eine Welt war zerbrochen. Viele Tränen. Und jetzt wieder dieselbe Frau. Die voller Begeisterung, das Leben neu schmeckend, einen neuen Lebensfrühling erlebt. Kaum zu glauben.

Ich begleite als Diakon und als Logotherapeut Menschen in unterschiedlichen Situationen. In diesem Rahmen beschäftigen sie sich auch mit ihrer eigenen Biografie. Dabei schreiben die Menschen ihr Leben in Kapiteln auf und kommen so sich und ihrer gewachsenen Persönlichkeit auf die Spur.

Eine Frau, die sich auf diese Weise gemeinsam mit mir mit ihrer Geschichte befasste, hatte eine – in ihren eigenen

Worten – wahrlich sehr „verrückte“ Lebensgeschichte zu erzählen. Da gab es große berufliche Erfolge und dürre Zeiten der Arbeitslosigkeit. Da gab es Momente, in denen sie das Leben in vollen Zügen genoss, und dann kamen die dunklen Täler voll Abschied und Leid. Ich fragte sie, wie sie denn dieses „verrückte“ Leben in diesen Extremen zwischen maßlosem Erfolg und schrecklicher Niederlage, zwischen wunderbaren „Hoch-Zeiten“ und tiefen dunklen Tälern aushalten konnte, ohne selbst verrückt zu werden. Daraufhin antwortete sie: „Ich habe mir immer diesen einen Satz vorgesagt: Auch das geht vorbei! In den erfolgreichen Zeiten meines Lebens mahnte mich der Satz zur Demut. Ich wusste aus meiner eigenen Biografie: Erfolg ist nie von Dauer. Und so habe ich gelernt, meinen Wert nicht von Gelungenem abhängig zu machen. In Zeiten von Krankheit und Krisen ermutigte mich der Satz. Denn ich wusste, auch dieses dunkle Tal wird ein Ende haben.“

Im Buch des Predigers heißt es: „Alles hat seine Zeit.“ Hat wirklich alles seine Zeit im Leben? Ja, ich glaube das. Alles hat seine Zeit. Freunde finden und Freunde verlieren hat seine Zeit. Glauben und zweifeln hat seine Zeit. Gott loben und mit Gott hadern hat seine Zeit. Schuldig werden und Vergebung empfangen hat seine Zeit. Sich für diese Schuld selbst hassen und lernen, sich selbst zu lieben, hat seine Zeit. Gewinnen und verlieren hat seine Zeit. Sich furchtbar langweilen hat seine Zeit und sich in der Hektik der Arbeit nach dieser Langeweile sehnen hat seine Zeit. Schenken und beschenkt werden hat seine Zeit. Etwas schaffen hat seine Zeit und vom Schaffen geschafft sein hat seine Zeit. Telefonieren hat seine Zeit und neben dem Anrufbeantworter stehen und hören, wie Leute ihre Nachricht nach dem Piepton hinterlassen, hat seine Zeit. Arbeiten hat seine Zeit und faul am Strand liegen hat seine Zeit. Hoch-Zeiten haben ihre Zeit und Krisen haben ihre Zeit. Vor Freude jubeln und schreien hat seine Zeit, danach heiser sein hat seine Zeit. Tanzen hat seine Zeit. Der Muskelkater am nächsten Tag hat seine Zeit. Das Leben feiern, gut essen und trinken hat seine Zeit und der Kater am Morgen danach hat ebenfalls seine Zeit. Einen Ausflug machen hat seine Zeit, und kurz vor der Abfahrt auf seine Frau warten, das braucht Zeit. Sich den Bart rasieren hat seine Zeit und am nächsten Morgen sehen, dass man wieder genauso aussieht wie vor der Rasur, hat seine Zeit. Frühjahrsputz hat seine Zeit, nach dem Putzen Besuch einladen und danach wieder putzen hat seine Zeit. Das Leben schmecken hat seine Zeit und ins Gras beißen hat seine Zeit. Schwarze Trauerkleider anziehen hat seine Zeit und neuen Lebensmut finden hat seine Zeit. Fragen hat seine Zeit und mit Fragen leben hat seine Zeit. Sich auf die Suche machen hat seine Zeit und finden hat seine Zeit. Reisen hat seine Zeit und danach nach Hause kommen hat seine Zeit. Lieben und hassen, finden und lassen, siegen und scheitern – alles hat im Leben seine Zeit, braucht seine Zeit, nimmt sich seine Zeit.

Ich weiß, es kommen wieder gute Tage

Der Morgen quält dich,
nichts scheint dir zu gelingen.
Der Wind steht wieder
willig gegen dich.
Dein Berg zu hoch
und schier nicht zu bezwingen.
Bist dir zuwider,
und auch das gelingt dir nicht.

Dein Blick ist leer
und traurig deine Augen.
Kannst dich nicht wehrn.
Selbst wenig ist zu viel.

Du kannst doch mehr –
du kannst es nur nicht glauben.
Es ist so schwer –
und Morgen ist kein Ziel.

Ich weiß, es kommen wieder gute Tage.
Drum hör nicht auf zu leben,
denn Wolken ziehn vorbei.
Dann wirst du wieder stehn – gar keine Frage.
Drum hör nicht auf zu werden,
hör nicht auf zu sein.

Hör nicht auf,
dein Weg ist dir beschieden.
Und Glück entdeckt kein Lebender
nur im Sonnenschein.
Verlass dich drauf,
am Ende bleibt das Lieben –
das Leben ist ein langer Lauf,
am Ende kommst du heim.

Text und Melodie: Andi Weiss, CD:
„Laufen lernen“, © Andi Weiss

Nie allein

Vor einigen Jahren bekam ich von der Hanns-Seidel-Stiftung den „Nachwuchspreis für Songpoeten“ überreicht. Mit dem Preis war ein Auftritt bei „Songs an einem Sommerabend“ in Bad Staffelstein verbunden. Ein Festival, bei dem sich jedes Jahr die „Crème de la Crème“ der Liedermacher wie Reinhard Mey oder Konstantin Wecker die Klinke in die Hand gibt. An zwei Tagen treffen sich hier jeweils knapp 5000 Menschen auf einer großen Wiese vor einer riesengroßen Bühne. Im Hintergrund, wenige Hundert Meter hinter der Bühne, das Kloster Banz. Ich war der einzige Solokünstler bei den Nachwuchspreisträgern und fühlte mich schon sehr auf mich allein gestellt. Die Proben verliefen eigentlich recht gut. Die Leute waren alle sehr nett zu mir. Und trotzdem begannen Gedanken des Selbstzweifels an mir zu nagen.

Bei den Proben lernte ich Siggi von der Band „Irish-Steirisch“ kennen. Eine lustige Band – ein lustiger, ein interessanter Kerl. Wir kamen ins Gespräch. „Weißt, ich bin ein gschlamperter Katholik“, sagte er in seinem tiefen steirischen Dialekt. Er begann zu erzählen. Von seinen Konzertreisen, von geplatzten Engagements und von seinem Glauben. Ich glaube, Siggi spürte meine Unsicherheit und so erzählte er mir eine Geschichte.

Einmal hatte er ein Konzertengagement in Israel. Er

kam mit einer anderen Musikerin ins Gespräch. Sie war Jüdin. Sie sprachen über ihren Glauben und kamen beide zu dem Schluss, dass das Schöne an ihrem Glauben sei, dass man mit einem persönlichen Gott reden könne.

„Machst du das auch? Betest du?", fragte er seine Kollegin.

Und sie erzählte ihm, dass sie jeden Morgen aufstehe und Gott frage, wie dieser Tag wohl werden würde.

Siggi war erstaunt und wollte wissen, ob denn Gott dann auch antworten würde? Die Frau bejahte die Frage.

„Und? Was sagt er dir dann?"

Die Musikerin gestand: „Meistens sagt er: Dieser Tag wird beschissen, aber is jo eh wuarscht, i bin jo eh bei dir!" (Eine Übersetzung für unsere hochdeutschen Freunde: „Mein liebes Kind, dieser Tag mag möglicherweise nicht nach deinen Vorstellungen verlaufen! Aber sei getrost und unverzagt, ich werde nicht von deiner Seite weichen!")

Beflügelt von dieser Geschichte, gingen wir beide Richtung Bühne, da wir bald unsere Auftritte hatten. Dann war ich an der Reihe. Ado Schlier moderierte mich als den „singenden Diakon" an. Als ich auf die Bühne ging, fingen die Glocken des Klosters an zu läuten. Die Leute lachten, und ich wusste, ich bin nicht allein.

Wenn wir Gott um seinen Segen bitten, dann verspricht uns Gott nicht ab dem heutigen Tag Gesundheit, Wohlergehen, beruflichen Erfolg, immerwährende Freude! Segen ist das göttliche, heilsame und dauerhafte Versprechen: Ich lass dich nicht allein! Ich bin bei dir! Wenn die Sonne scheint. Wenn du das Leben feierst, feiere ich mit dir! Wenn du dich freust, freue ich mich mit dir! Ich bin bei dir, wenn du das Leben schmeckst. Wenn du lernst, dich selbst zu lieben. Wenn du deinen persönlichen Weg entdeckst und ihn auch gehst. Wenn du bereit bist, Frieden mit dem Gestern zu schließen. Ich bin da. Ich bin dein heilender Lebensquell in den bunten, sonnigen, heilsamen Momenten deines Lebens! Aber nicht nur dann. Im Psalm 23 heißt es: „*Und ob ich schon wanderte im finsteren Tal, fürchte ich mich nicht. Denn du bist bei mir!*"

Das ist Gottes großes Versprechen an uns Menschen: Ich bin auch dann bei dir, wenn die dunklen Tage deines Lebens kommen. Ich halte dich – auch wenn du den Halt verlierst. Ich gehe mit dir durch die schwierigsten Krisen. Krankheit, Niederlagen oder Leid sind kein Anzeichen meiner Abwesenheit. Auch wenn dir Menschen etwas anderes sagen: Du bist und du bleibst mein geliebtes Kind.

Nie allein

Der Wind weht durch die Welt
und übers weite Feld
steigt Nebel traurig auf.

Kein Sinn, der dich hier hält,
sich dir entgegenstellt,
hemmt deiner Sinne Lauf.

Und deiner Seele graut –
nichts scheint dir himmelblau.
Kein Sonnenstrahl belebt –
und niemand fragt: „Wie geht's?"

Nie allein – nie allein.
Mag deine Welt auch untergehn –
dein Tal noch so finster sein.
Du bist nie allein.

Ich bleib dicht an dir dran.
Was man nicht ändern kann,
durchlebe ich mit dir.

In deinem Jammertal,
da bleibt mir keine Wahl.
Du weißt, dass ich dich führ.

Ich halte dein Herz frisch –
und teil mit dir den Tisch.
Ich schenke dir voll ein –
werd immer bei dir sein.

Text und Melodie: Andi Weiss, CD:
„Heimat", © Andi Weiss

Personenschaden im Advent

Manchmal – wenn ich nicht unbedingt pünktlich bei einem Termin sein muss – reise ich mit dem Zug. Zugfahren begeistert mich. Nicht immer, aber manchmal. Man kann dort immer viel besser arbeiten als im eigenen Büro. Besonders auf Strecken, in denen ein Tunnel nach dem anderen kommt und mein Handy keinen Empfang hat, genieße ich die Möglichkeit, konzentriert an einer Aufgabe dranzubleiben.

Manchmal verzögert sich die Fahrt allerdings. Wie neulich.

Wir waren vor gerade erst zwanzig Minuten aus dem Münchner Bahnhof gefahren, als der Zug stehen blieb. „Personenschaden – die Weiterfahrt verzögert sich auf unbestimmte Zeit." Um mich herum wurden Handys gezückt, Bewerbungsgespräche und Sitzungen verschoben oder abgesagt. Der schnaufende Schaffner hetzte durch die Wagons, um die Reisenden zu beruhigen. Irgendwann hatten wir über sechzig Minuten Verspätung. Resigniert stand der Schaffner mitten im Abteil und sagte mehr zu sich selbst: „So ist das immer in der Weihnachtszeit. Je näher das Fest der Liebe kommt, umso einsamer werden die Leute, und so viele werfen sich dann vor den Zug." Laut Statistik passiert so ein „Personenschaden" jedem Lokführer zweimal in seinem Dienst.

Die Worte des Zugbegleiters wirkten bei den Reisenden nach und es entstanden angeregte Gespräche. Mir gegenüber saß ein Mann, der nun von einem Mädchen aus seinem Bekanntenkreis zu erzählen begann. Sie war damals in seine Klasse gegangen. Jeder wusste über sie Bescheid: Die Mutter arbeitete als Prostituierte und der Vater soff den ganzen Tag. Oft kam Cordelia, so ihr Name, mit einem traurigen Gesicht in die Schule – manchmal auch mit einem blauen Auge. In der Schule interessierte sich keiner für sie – wie so oft. Wer strahlt, hat Leute um sich – wer traurig ist, wird gemieden. „Irgendwann hatte sie keine Kraft mehr und warf sich vor einen Zug. Und das alles nur, weil sie niemanden hatte, der sie geliebt hat", beendete der Mann seine Erzählung.

Mich bewegte das Fazit der Geschichte: „Und das alles nur, weil sie niemanden hatte, der sie geliebt hat!"

Wie oft stehen Menschen am Grab eines Angehörigen und müssen feststellen, dass sie es über viele Jahre hinweg verpasst haben, diesem Menschen etwas Gutes zu tun und zu sagen? Doch dann ist es zu spät. Die deutsche Lyrikerin Kristiane Allert-Wybranietz bittet: *„Auf dem Friedhof sehe ich Gräber, schön gepflegt mit Blumen und Sträuchern. Lasst mein Grab verwildern und gebt mir zu Lebzeiten die Blumen."*

Stille Nacht, heilige Nacht

Schon während „wir“ schwanger waren, haben mich viele Menschen gefragt, ob ich denn schon Lieder für unser werdendes Kind geschrieben habe. Ich muss gestehen, ich halte mich selbst für einen schlechten Lieder-„Macher“. Ich bewundere Menschen, die sich ein Thema vornehmen und dann am Reißbrett ein Lied dazu entstehen lassen können. Ich kann so etwas nicht so gut. Mich muss ein Thema anspringen, packen, manchmal ganz kalt erwischen oder in irgendeiner Art und Weise berühren – aber dann ist das Lied meist auch fast fertig. Und natürlich haben mich die vielen emotionalen Momente seit dem zweiten farbigen Balken auf dem Schwangerschaftstest ans Klavier getrieben. Viele musikalische Früchte aus diesen Momenten bleiben in der geheimen Schublade oder in meinem Herzen. Lieder sind immer wieder kleine, intime Geschenke, von denen man nicht alle der Öffentlichkeit preisgeben möchte. Ich erinnere mich auch an die Momente, in denen ich mich gefragt hatte, ob es mir als Vater wohl gelingen würde, die Bedürfnisse dieses kleinen Wunders zu erspüren und diesen großen Schatz zu trösten, wenn mein Kind zu weinen anfangen würde. Ich hatte es nicht selten erlebt, dass fremde Babys auf meinem Arm recht schnell und lautstark den Wunsch äußerten, rasch wieder zurück zu den eigenen Eltern zu kommen.

Und dann kam der Tag der Geburt. Endlich war ich an der Reihe und durfte – nachdem ich die Nabelschnur traditionsgemäß durchtrennt und meine Frau unseren neuen Erdenbürger ausführlich begrüßt hatte – unseren Sohn auf den Arm nehmen. Wie wild brabbelte er los – ganz der Vater –, und mir war, als wollte er mir die ganze Geburt nacherzählen. Plötzlich ging das Licht an und mein Sohn fing wild an zu brüllen – eben auch ganz der Vater. Ansonsten haben wir ja wirklich Glück mit unserem Sohn. Er kommt nach der Mutter, was heißt, er sieht gut aus und ist eigentlich sehr freundlich. In diesem Moment, in dem das Licht anging, brüllte er aber den gesamten Kreißsaal zusammen. Intuitiv nahm ich seine nackten, kleinen Füßchen in meine Hände und wärmte sie. Mein Sohn beruhigte sich, kuschelte sich an meine Brust und schlief ein. Für mich ein bewegender gemeinsamer Start in das Abenteuer Leben.

Leider blieb das mit dem Schlafen nicht so. Ganz im Gegenteil. Schon bald strahlten wir – wie alle frischgebackenen Eltern – unsere Umwelt aus übernächtigten augenberingten Augen an. Ich erinnere mich an unser erstes Weihnachtsfest als Eltern. Wir hatten uns beim Singen der Weihnachtslieder noch nie zuvor gefragt, warum jemand auf die Idee kam, eine Nacht mit einem neugeborenen Kind könnte eine „Stille Nacht" sein. Erst bei dem Satz „Alles schläft. Einsam wacht nur das traute und heilige Paar" fühlten wir uns ernsthaft verstanden.

Tatsächlich war ich bisher ja immer auf Konzerttour gegangen, um Konzerte zu spielen. Seit ich Vater bin, gehe ich auf Tour, um zu schlafen. Gerade die ersten Monate hatte unser Sohn – wie viele seiner Alters- und damit

Leidensgenossen – mit seinen Koliken zu kämpfen. Ich erinnere mich noch sehr gut an eine der vielen Nächte, in denen wir wieder einmal kaum ein Auge zugemacht hatten. Ich glaube, es war so um halb vier Uhr in der Früh, als meine Frau und ich dann im Internet auf die Suche gingen, um weitere – bisher noch nicht ausprobierte – Lösungen für Koliken zu finden. In einem Forum fanden wir den Eintrag einer Kinderärztin, die eine lange Liste an Möglichkeiten aufzählte, wie man mit diesen Problemen umgehen könnte. Ganz am Schluss schrieb sie: „Sie machen alles richtig! Jetzt können Sie nur noch eines tun: mit Ihrem Kind mitzuleiden." Diese Aussage hat mich tief berührt und so behalte ich auch das daraus für meinen Sohn entstandene Lied nicht für mich.

Ich kann nicht mehr

Eigentlich müsst ich doch jetzt der Starke sein,
der dich beschützt und der dich hält.
Der dich bewahrt und trägt und für dich ist,
von dir abhält, was dich grad quält.

Und jetzt liegst du hier so hilflos,
so verletzlich und so klein.
Und ich würd so gerne tauschen
und an deiner Stelle sein.

Ich kann nicht mehr, nicht mehr,
als mit dir zu leiden, mit dir zu weinen,
bei dir zu sein.
Ich kann nicht mehr, nicht mehr –
als bei dir zu bleiben und dir zu zeigen,
ich lass dich nicht allein.

Und bald wirst du laufen lernen, erste Schritte gehn,
entdeckst die Welt auf eignem Fuß.
Und wir werden dich dann laufen und auch fallen sehn,
weil meistens kommt, was kommen muss.

Ich kann dich nicht vorm Fallen schützen,
vor vielen Schrammen dich bewahrn.
Ich kann dir nur ganz leise nützen –
also fall in meinen Arm.

Ich kann nicht mehr, nicht mehr –
als mit dir zu gehen, zu dir zu stehn, bei dir zu sein.
Ich kann nicht mehr, nicht mehr –
als bei dir zu bleiben und dir zu zeigen,
ich lass dich nicht allein.

Und irgendwann wirst du erwachsen, voller Jahre sein,
und du gehst deinen eignen Weg.
Und es wird so vieles geben, was du anders siehst –
was dein Kopf, dein Herz belebt.

Und dann wirst du Träume träumen,
die ich zu träumen nie gewagt.
Und du gibst Gedanken Worte,
die vor dir kein Mensch gesagt.

Ich kann nicht mehr, nicht mehr –
als dich dann ziehn zu lassen,
dich nicht zu fassen und so bei dir zu sein.
Ich kann nicht mehr, nicht mehr –
als bei dir zu bleiben und dir zu zeigen,
ich lass dich nicht allein.

Text und Melodie: Andi Weiss, CD:
„Laufen lernen“, © Andi Weiss

Wo wohnt Gott?

Kennen Sie die Geschichte von dem Rabbi, der Besuch von einem reichen Mann bekommt? Stolz bietet ihm dieser eine große Summe, wenn der Rabbi ihm sagen kann, wo Gott wohnt. Der Rabbi antwortete selbstbewusst: „Ich gebe dir die doppelte Summe, wenn du mir sagen kannst, wo er *nicht* wohnt."

Wohnt Gott tatsächlich überall? Mancher spricht von einer „gottverlassenen Gegend", wenn er auf dem Land keine Schilder findet, die ihm verraten, wo er sich gerade befindet, oder wenn keine Menschenseele seinen Weg kreuzt. Gibt es tatsächlich Orte, die Gott verlassen hat? Selbst Jesus schreit am Kreuz: „Mein Gott, mein Gott, warum hast du mich verlassen?" Dabei zitiert er, der selbst auch ganz Mensch ist, einen Psalm und bringt durch diesen Ausruf auf den Punkt, wie verlassen und einsam wir Menschen uns manchmal fühlen.

Wo wohnt denn nun Gott? Neulich bin ich beim Zappen bei einer Talkshow hängen geblieben. Ein Moderator befragte einen frommen Juden zu seinem Glauben. Fast schon aggressiv ging der Moderator auf seinen Gast los: „Wo war denn Ihr Gott, als die Nazis Ihre gesamte Familie im Konzentrationslager umgebracht haben? Wo war denn Ihr Gott, als im Dritten Reich sechs Millionen Juden ihr Leben lassen mussten? Wo war denn da Ihr Gott?" Die

Stimme des Moderators wurde von Frage zu Frage immer schriller.

Dann, Pause. Stille. Man hätte eine Stecknadel fallen hören können. Die Sekunden bis zur Antwort des jüdischen Interviewpartners schienen sich in Stunden zu verwandeln. Dieser wortlose, drohende Abgrund, dieses angespannte Schweigen des Publikums – kaum auszuhalten.

Und dann begann der Jude zu sprechen. Zaghaft, leise, mit brüchiger Stimme: „Sie fragen, wo Gott in diesen schlimmen Zeiten war? Das kann ich Ihnen sagen: Er war in Dachau, in Bergen-Belsen, in Auschwitz, in Treblinka, in …", und er zählte nacheinander jedes einzelne Konzentrationslager auf, das ihm in diesem Moment einfiel. Mit jedem Wort wurde seine Stimme kräftiger, obwohl man in seinen Augen sah, dass hinter jedem einzelnen Ort ein Blutstropfen, ein Schrei, ein toter Freund, ein ermordeter Mensch stand – Bilder, die ihn vermutlich bis zu seinem letzten Atemzug begleiten werden. Ein erbarmungslos in die Seele eingebranntes Trauma.

Mich bewegt diese schmerzende und zugleich unerschütterliche Antwort. Ich merke, dass ich an den Grenzen des Lebens schweigen und diese unruhige Stille und die Ratlosigkeit dieser schrecklichen Momente aushalten lernen muss.

Der Theologe Johann Baptist Metz wurde einmal von dem tschechischen Philosophen Milan Machovec gefragt, wie man nach Auschwitz als Christ noch beten könne. Er antwortete, dass man nach Auschwitz noch beten könne, weil in Auschwitz gebetet worden sei – im Gesang und im Geschrei der jüdischen Opfer.

Misshandelt und erniedrigt, schrieb Johannes vom Kreuz im dunkelsten Kerker ein Gedicht, das einen hellen Lichtstrahl in die dunklen Alltagstäler vieler Menschen sandte:

Wohl kenne ich den Quell, der rinnt und fließet,
wenn es auch Nacht ist.

Verborgen ist dem Blick die ewge Quelle,
doch weiß ich wohl zu finden ihre Stelle,
wenn es auch Nacht ist.

Ich weiß, nicht Ursprung hat sie je genommen,
doch aller Ursprung ist aus ihr gekommen,
wenn es auch Nacht ist.

Ich weiß, dass keine Schönheit ihrer gleiche,
sie tränkt die Erde und die Himmelreiche,
wenn es auch Nacht ist.

Ins Bodenlose, weiß ich, würde gleiten,
wer sie beträte, um sie zu durchschreiten,
wenn es auch Nacht ist.

Niemals hat ihre Klarheit sich verdunkelt,
und alles Licht weiß ich aus ihr entfunkelt,
wenn es auch Nacht ist.

Gewaltig, weiß ich, ihre Ströme eilen
durch Höllen, Himmel und wo Menschen weilen,
wenn es auch Nacht ist.

Den Wassern, die aus dieser Quelle steigen,
wohl weiß ich ihnen alle Macht zu eigen,
wenn es auch Nacht ist.

Den Strom, zu dem zwei Ströme sich verbinden,
weiß ich mit beiden nur zugleich zu finden,
wenn es auch Nacht ist.

Verborgen rinnt der Quell, auf dass wir leben,
in dem lebend'gen Brot, das uns gegeben,
wenn es auch Nacht ist.

Hier ruft er die Geschöpfe, dass sie kommen,
zu stillen sich, von Dunkelheit umschwommen,
weil's in der Nacht ist.

Ersehnter Quell, dich such ich nicht vergebens,
ich schaue dich in diesem Brot des Lebens,
*auch wenn es Nacht ist.**

Oft meinen wir Menschen, wir müssten an den Grenzen des Lebens für Gott einspringen, um ihm mit fadenscheinigen Erklärungen den Rücken freizuhalten. Vielleicht ist es unsere ureigene Unsicherheit, die wir mit unserem Verstand übermalen wollen. Vielleicht glauben wir aber auch, Gott könnte unser Wehklagen nicht aushalten und wäre gekränkt, wenn wir ihm unser Leid mit unheiligen Wor-

* „Des Heiligen Joahnnes vom Kreuz kleinere Schriften", übersetzt von P. Aloysius ab Immac. Deconceptione CD. *Gedichte.* München 1929, S. 202 f.

ten vor die Füße werfen. Dabei kennt er doch bereits jeden einzelnen Gedanken, jede Sehnsucht, jeden Wunsch, jeden Schmerz schon lange, bevor wir unsere Gedanken in Worte fassen. Viktor Frankl nannte Gott einmal den *„Gesprächspartner meiner intimsten Selbstgespräche"*. Mir gefällt diese Vorstellung, denn dann gibt es keine Bereiche, die ich vor Gott verbergen kann oder muss. Dann gibt es keine Holzwege oder Umwege. Dann gibt es keine falschen Entscheidungen. Denn dann zeigt sich mein Glaube nicht in erbeteten oder erarbeiteten Dingen. Ich darf mich selbst in den scheinbar gottverlassenen Momenten meines Lebens geborgen und getragen wissen.

Wo wohnt Gott? Hier. Bei mir. Nicht erst wenn ich ihn einlade, herbeibete, einlasse oder höflich meinen Kontakt mit ihm pflege. Nein, er hat sich selbst eingeladen, ist bereits Gast in mir und will so entdeckt, gehegt, besucht und gefunden werden. So entdecke ich Gott in Freude und in Leid, in Gesundheit und in Krankheit, an sonnigen Tagen und im Regenwetter. Und mehr noch: Wenn ich das für mich selbst in Anspruch nehmen darf, dann finde ich Gott auch im mir Fremden, im Kranken, im Flüchtling. Dann spricht Gott mit mir auch durch Menschen, die anders denken, anders leben, anders reden, anders fühlen und auch anders glauben als ich. Jesus in mir – und Jesus in meinem Nächsten.

Mutter Teresa machte sich jeden Tag auf den Weg durch die Straßen Kalkuttas, immer mit einem großen Satz in ihrem Herzen: *„Ich bin gespannt, in welchen Menschen Jesus mir heute begegnet!"*

Ich bring dich durch den Sturm

Ich bin dein Lachen,
auch deine Träne im Gesicht.
Ich bin eine Blume,
deine „Vergiss-mein-nicht".

Ich bin in deinem Fühlen,
wenn es in deinem Herzen schneit,
und willst du Gipfel stürmen,
dann steh ich dafür bereit.

Ich bin dein Abendrot,
dein erster Stern am Himmel.
Wenn es dämmert und die Nacht dir droht,
bin ich dein Rettungsboot.
Und ist für dich kein Land in Sicht,
scheint alles krumm,
dann steh ich hier, neben dir.
Ich bring dich durch den Sturm.

Ich bin in deinen Träumen,
verjag die Schatten deiner Nacht.
Ich werde nichts versäumen,
ich hab dir dein Glück gebracht.

Es fließt in deinen Adern
und wird mit mir zur Lebenskraft.
Und willst du wieder hadern,
denk dran, was hab'n wir schon geschafft.

Text und Melodie: Andi Weiss, CD:
„Laufen lernen“, © Andi Weiss

Angst vs. Liebe

Ein Ehepaar beschließt, dem Winter in Deutschland zu entfliehen, und bucht eine Woche Südsee. Leider kann die Frau aus beruflichen Gründen erst einen Tag später fliegen als ihr Mann. Der Ehemann tritt die Reise wie geplant an. Am Urlaubsort angekommen, bezieht er sein Hotelzimmer und schickt seiner Frau per Laptop sogleich eine Mail. Blöderweise hat er sich beim Eingeben der E-Mail-Adresse vertippt und einen Buchstaben vertauscht. So landet die Nachricht bei einer Witwe, die gerade von der Beerdigung ihres Mannes kommt und nun die per E-Mail eingetroffenen Beileidsbekundungen abruft. Als ihr Sohn das Zimmer betritt, sieht er seine Mutter ohnmächtig zu Boden sinken. Sein Blick fällt auf den Bildschirm. Dort steht:

AN: Meine zurückgebliebene Frau
VON: Deinem vorgereisten Gatten
BETREFF: Bin gut angekommen

Liebste, bin soeben angekommen. Habe mich hier bereits eingelebt und sehe, dass für Deine Ankunft schon alles vorbereitet ist. Wünsche Dir eine gute Reise und erwarte Dich morgen.

In Liebe, Dein Mann.

PS: Verdammt heiß hier unten!

In der Auseinandersetzung mit mir selbst und in der Begleitung anderer erlebe ich oft, wie Menschen voller Angst erstarren, anstatt mutig ihrer Wege zu gehen. Da ist die Angst vor Herausforderungen, die Angst vor dem Morgen, die Angst vor anderen Menschen, die Angst zu scheitern, die Angst vor Gott. Der Philosoph Friedrich Nietzsche beklagte in seinem Werk *Also sprach Zarathustra*: *„Die Christen müssten mir erlöster aussehen* […], *wenn ich an ihren Erlöser glauben sollte.“*

Leben, reden, danken, handeln wir, weil wir geliebte Menschen sind und diese Liebe weitergeben wollen? Oder „lieben“ wir aus Angst?

Immer wieder erlebe ich, wie Menschen in anderen die Angst vor Gott fördern und verstärken, anstatt sie ihnen zu nehmen. Aber was geschieht mit ängstlichen Menschen? Wie reagieren die Menschen in der Bibel in ihrer Angst vor Gott? Adam und Eva verstecken sich, Kain erschlägt seinen Bruder Abel, Jona versucht vor Gott und seiner Aufgabe zu fliehen. Die Angst vor Gott hat Menschen schon immer in die Verachtung des eigenen, aber auch des fremden Lebens geführt. Um diese Angst zu kompensieren, klammern sich Menschen an Vorgaben, Gesetze, Gebote und hoffen, in deren sorgsamer, getreuer und pflichtgemäßer Erfüllung Gott gerecht zu werden. Aber was machen Verbote mit uns Menschen? Sie steigern nur den Reiz des Verbotenen. Ein Jugendlicher hat einmal zu mir gesagt: „Die Gebote kann man sich ganz gut merken! Alles, was Spaß macht, ist verboten!“ In dieser Aussage steckt nicht nur der Schelm eines vierzehnjährigen vorlauten Halbstarken, sondern die tief sitzende Angst, bevormundet zu werden und nicht mehr autonom zu sein.

Jack W. Brehm beschrieb diese logische Verhaltensfolgerung mit der Reaktanztheorie. Der Mensch sehnt sich nach der Freiheit, sich autonom verhalten zu können. Der Mensch will sich nichts vorschreiben lassen. Die Verbote wecken deshalb so großes Interesse, weil sie ausschließlich vorgeben, was zu tun ist. Dadurch fördern sie fast schon einen existenziellen Überlebenskampf im Menschen. Die Folge sind Trotz und Ablehnung der vorgegebenen Möglichkeiten. „Pass auf kleines Auge, was du siehst! Pass auf kleiner Mund, was du sagst!" Dieses Lied haben wir als Kinder im Feriencamp mitgegrölt, ohne zu ahnen, welch schwieriges Gottesbild dahintersteht. Das Bild von dem „Vater im Himmel", der unablässig auf einen herabschaut und nur darauf wartet, dass man seine Gebote übertritt. Wer will schon gern unter ständiger Beobachtung stehen? Jesus hat uns in seinen Gleichnissen ein ganz anderes Bild von dem „Vater im Himmel" vermittelt. Er geht verständnisvoll auf die Menschen ein und lebt vor, dass ein Mensch durch Gottes bedingungslose Liebe heil werden darf.

Wenn ein Mensch sich erst einmal ernst genommen und verstanden fühlt, wenn er sagen kann, was in ihm kratzt und brodelt, wenn er ohne Furcht und ohne Scham seine tiefsten Wünsche, Sorgen und Sehnsüchte benennen darf – dann wird er nichts mehr aus Angst verheimlichen. Dann muss ein Mensch auch nicht länger all seine Kraft aufbringen, um Peinliches geheim zu halten. Dann kann sich ein Mensch zum Positiven verändern. Dann kann ein Mensch auf gesunde Weise entdecken, was in ihm ist. Dann kann er sehen, wozu Gott ihn gedacht und gemacht hat. Wenn etwas ans Licht kommt, kann es sich in Gutes, Gesundes verwandeln. Und diese Gesundung betrifft dann nicht nur den Einzelnen, sondern von ihm ausgehend auch das gesamte Umfeld, in dem er nun befreit lebt und leuchtend wirkt. Dann werden auch Ketten gesprengt, die über Generationen weitergegeben wurden.

Ich höre schon die Stimmen, die jetzt einwenden, dass Gott aber doch nicht nur ein treudoofer Ausputzer im Schonspülgang ist. Gott ist doch auch gerecht!

Martin Luther beginnt seine Auslegung zu den Zehn Geboten mit dem Satz: „Wir sollen Gott über alle Dinge fürchten, lieben und vertrauen." Das Wort „fürchten" meint aber nicht Angst, sondern „Ehrfurcht haben". Und Ehrfurcht beschreibt die würdevolle Begegnung mit dem Heilsamen, den Respekt und die Anerkennung der Heiligkeit Gottes. Wenn ich vor Gott Angst habe, werde ich das Heil dieser Heiligkeit nicht erfahren. Natürlich gibt es ein Gericht. Der Tag, der Moment, die Stunde, in der Gott Gerechtigkeit wiederherstellt. Für den Evangelisten Johannes ist damit die Krise gemeint, die ein Mensch durchlebt, wenn er Gott begegnet. Die Entdeckung der eigenen Bedürftigkeit. Diese sicher schmerzhafte Begegnung ist und bleibt aber über alle Krisen hinweg göttlich und liebevoll konstruktiv. In Johannes 3, Vers 17 lesen wir: *„Denn Gott hat seinen Sohn nicht in die Welt gesandt, damit er die Welt richte, sondern damit die Welt durch ihn gerettet werde."*

Ich glaube, ja, ich hoffe sogar auf das Gericht Gottes – den Augenblick, in dem Gott wieder Gerechtigkeit herstellt. In dem er die Gebrochenen aufrichtet. Aber dieses Gericht ist doch kein Moment der Furcht, sondern ein Freudenfest! Ein Fest der Vergebung, der Versöhnung, der

Heilwerdung, der Wiederherstellung. Kein Hinrichten, sondern ein Aufrichten.

Wenn ein Stammesmitglied der Babemba aus Südafrika Schuld auf sich geladen hat, bringen ihn die Stammesmitglieder in die Dorfmitte. Alle im Dorf hören auf zu arbeiten und versammeln sich um den „Angeklagten". Dann erinnert jedes Stammesmitglied, ganz gleich, welchen Alters, die Person in der Mitte daran, was sie in ihrem Leben Gutes getan hat. Alle seine positiven Eigenschaften, seine guten Taten, seine Stärken und seine Güte werden dem „Angeklagten" in Erinnerung gerufen. Alle, die einen Kreis um ihn bilden, schildern diese Episoden sehr ausführlich. Die einzelnen Geschichten über diese Person werden mit absoluter Ehrlichkeit und großer Liebe erzählt. Es ist niemandem erlaubt, das Geschehene zu übertreiben, und alle wissen, dass sie nichts erfinden dürfen. Das Ganze dauert manchmal mehrere Tage, bis jeder im Dorf seine Geschichte erzählt hat. Am Ende wird der Kreis geöffnet, und nachdem der Betreffende wieder in den Stamm aufgenommen wurde, findet eine fröhliche Feier statt.

Wenn wir durch die Augen der Liebe sehen, wie es in dieser Zeremonie so schön sichtbar wird, entdecken wir in der Vergebung den Wunsch nach Integration. Alle Mitglieder des Kreises und die Person, die in der Mitte steht, werden daran erinnert, dass durch Verzeihen die Möglichkeit gegeben wird, die Vergangenheit und die Angst vor der Zukunft loszulassen. Der Mensch in der Mitte wird nicht länger als schlecht bewertet oder aus der Gemeinschaft ausgeschlossen. Stattdessen wird er daran erinnert, wie viel Liebe in ihm steckt, und dann wieder in die Gemeinschaft integriert.

Martin Luther benennt einmal zwei Probleme – zwei „harte Gegner" –, die es uns erschweren, auf den Wegen zu gehen, die Gott für uns bestimmt hat, und in der Berufung zu leben, die er für uns vorgesehen hat: Entweder halten wir uns für zu klein. Wir sind sicher, dass Gott nichts mit uns anfangen kann, weil wir unnütz sind oder zu sündig, zu wenig begabt oder was auch immer. Oder wir halten uns für zu groß. Wir haben das Gefühl, dass wir Gott gar nicht brauchen. Wir gehen unsere eigenen Wege und leben aus eigener Kraft, ohne zu merken, dass unsere Seele Tag für Tag ein Stückchen mehr verkümmert, weil wir uns aus Angst oder Desinteresse nur den sichtbaren Schätzen des Alltags zuwenden.

Der Schriftsteller Joseph Anton Schneiderfranken schreibt in *Das Buch vom lebendigen Gott*: *„Wer den großen Sieg erkämpfen will, der darf sich nicht mit Sorge plagen, weil der Staub des Alltags dabei sein Gewand beschmutzt … Wer stets bestrebt ist, Flecken aus seinem Mantel zu putzen, der wird sein höchstes Ziel gar bald aus dem Auge verloren haben … Ich rate gewisslich keinem, sich im Schmutz zu wälzen – aber ein jeder, der zum Ziele will, muss achtlos werden gegen den Staub des Alltags und die kleinen Flecken, womit er sein Gewand auf seiner Wanderung bedeckt. Dein Fuß wird ständig an der gleichen Stelle kleben, und niemals wirst du deinem Schritt vertrauen, lässt du dich durch die Fehler, die du niemals ganz vermeiden kannst, auf deinem Wege stören. Der ‚Heilige' aber ist einem Menschen gleich, der sich selbst die Sehnen durchschnitt und nun als ein Lahmer am Wege liegt, jedoch mit offenen Augen träumt: zu fliegen. Ach, dass du mir lieber noch in Schuld und Sünde bis an die Schultern waten möchtest, als* *dass ich je dich in Gefahr erblicken müsste, zu einem solchen ‚Heiligen' zu werden!"**

Ich glaube, wenn es gelingt, dass ein Mensch die (unbegründete) Angst vor Gott verliert, dann verliert er auch die Angst vor anderen Menschen, die Angst vor dem Tod und somit auch die Angst vor dem Leben.

* Bô Yin Râ, Das Buch vom lebendigen Gott, Kober'sche Verlagsbuchhandlung AG, Bern 19714. Unveränderter Nachdruck der 1927 erschienenen Neuausgabe, S. 136–137.

Komm gut übers große Meer

Jetzt hast du dein Ziel erreicht,
dein Weg ist hier zu Ende.
Ich halt dich in Erinnerung
und nicht mehr deine Hände.
Dein Boot steht schon bereit.
Komm, segel los – nichts fällt mehr schwer.
Die Not vorbei, es ist nun Zeit.
Komm gut übers große Meer.

Jetzt vollendet sich dein Lauf,
du stürmst die Zielgerade.
Hörst für uns viel zu früh hier auf,
nun trenn' sich unsre Pfade.
Was nimmst du mit auf deine Reise,
was war dein Schatz auf Erden?
Du lebst ab jetzt auf deine Weise,
Zeit zu sein – nicht mehr nur werden.

Komm gut übers große Meer, dein Segel lässt dich hoffen.
Die See liegt still und tobt nicht mehr,
der Himmel steht dir offen.
Komm gut übers große Meer, die Wogen sind befriedet.
Kein Grund zur Angst, du kämpfst nicht mehr,
du segelst leicht in einem Meer voll Liebe.

Jetzt hast du dein Werk vollbracht,
du kannst nun nichts mehr geben.
Teils gut geglückt, teils falsch gemacht,
das nennt sich nun dein Leben.
Weit hinter dir sind nun die Tage,
dein Schmerz, dein Sturm, dein Wehen.
Halt dich nur fest, verfall in Gnade.
Es ist jetzt Zeit zu gehen.

Text und Melodie: Andi Weiss, CD:
„Laufen lernen“, © Andi Weiss

Der Mensch auf der Suche nach Sinn

Ein Mann muss dringend seinen Zug erwischen, weiß aber nicht, wo der Bahnhof ist. Er spricht Passanten in der Fußgängerzone an und formuliert höflich sein Anliegen: „Bitte sagen Sie mir, wo geht es hier zum Bahnhof?" Zu seinem Leidwesen trifft er auf Menschen mit interessanten Berufen und bekommt somit auch ganz interessante Antworten:

Pädagoge: „Ich weiß natürlich, wo der Bahnhof ist. Aber ich denke, dass es besser ist, wenn du es selbst herausfindest."

Sozialpädagoge: „Ich weiß es auch nicht, aber ich finde es total gut, dass wir beide so offen darüber reden können."

Sozialarbeiter: „Keine Ahnung, aber ich fahre dich eben hin."

Gesprächstherapeut: „Sie wissen nicht, wo der Bahnhof ist, und das macht Sie nicht nur traurig, sondern auch ein Stück weit wütend."

Psychoanalytiker: „Sie meinen dieses lange, dunkle Gebäude, wo die Züge immer rein und raus, rein und raus, rein und raus … fahren."

Verhaltenstherapeut: „Heben Sie zuerst den rechten Fuß und schieben Sie ihn vor. Dann setzen Sie ihn wieder auf. Sehr gut! Hier haben Sie ein Bonbon."

Ja, wir helfen Menschen auf ganz unterschiedliche Art und Weise und begegnen dabei auch selbst den verschiedensten Ansätzen. Manche helfen uns weiter, manche schrecken eher ab. Manchmal wurde uns in einem dunklen Moment Hilfe versprochen, und dann wurde doch nichts daraus. Und manchmal hatten wir das Gefühl, dass die Hilfe eher kraftlos und unspektakulär war, und doch merken wir nach Jahren in der Rückschau, wie gut und wichtig bestimmte Begegnungen waren.

Ich selbst bin ganz begeistert von der Logotherapie. Die übrigens nicht zu verwechseln ist mit der Logopädie! Ein Logopäde kümmert sich um die Sprache des Menschen. Hätte unser Mann auf der Suche nach dem Bahnhof einen Logopäden getroffen, hätte dieser wohl gesagt: „Das heißt nicht ‚Bannhoff', sondern ‚Baahhnhoof'. Versuchen Sie's noch einmal!" Oder wenn er gerade gut drauf gewesen wäre, hätte er vielleicht gesagt: „‚Bahnhof' ist ein viel zu schweres Wort. Beginnen Sie doch erst einmal mit ‚Bubu'." Die Logotherapie beschäftigt sich hingegen nicht mit der Sprache, sie fragt nach dem Sinn. Hätte unser Mann das Glück gehabt, einem Logotherapeuten zu begegnen, hätte dieser ihn sicher ermutigt: „Dass du den Bahnhof suchst, ist doch der beste Beweis für seine Existenz!" Ob der Mann trotzdem seinen Zug verpasst hätte, lassen wir einmal dahingestellt.

Die Logotherapie – auch die „3. Wiener Schule der Psychotherapie" genannt – wurde von dem Wiener Psychiater, Neurologen und Philosophen Viktor Emil Frankl begründet. Sigmund Freud definierte den Menschen mit dem „Willen zur Lust", Alfred Adler mit dem „Willen zur Macht", und Frankl sieht den entscheidenden Unterschied zwischen Mensch und Tier in der Tatsache, dass der Mensch einen „Willen zum Sinn" hat. Das bedeutet, jeder Mensch verfügt über einen freien Willen. Erst die Annahme des freien Willens gibt dem Menschen seine Würde, denn hätte er keinen freien Willen, könnte man ihn auch für keine Handlung verantwortlich machen. In der Wahrnehmung der Verantwortung für sein Leben erlebt sich der Mensch als Individuum, das sich unter anderen bewegt und sich in die Welt einbringen kann – oder eben nicht.

Der Theologe Fulbert Steffensky erzählt von einem Besuch bei einem inhaftierten jungen Mann, der seine Mutter umgebracht hat. Steffensky berichtet, wie er dem Mann mit großem Verständnis und seelsorgerlichen Zuwendungen erklären will, dass die Tat absolut nachvollziehbar ist und man doch logisch erklären kann, warum es zu der Tat gekommen ist (Eltern Alkoholiker, Misshandlung usw.). Doch dieser Entlastungsversuch macht den Häftling wütend. Er springt in seiner Zelle auf, fordert ein, für diese Tat absolut selbst verantwortlich zu sein, und erklärt, dass es seine letzte Würde sei, zu dieser Tat stehen zu können.

Was veranlasst einen Menschen dazu, sich in dieser Welt zu bewegen, sie zu gestalten, sein eigenes Leben zu gestalten, einige Möglichkeiten wahrzunehmen und andere wiederum zu verwerfen? Ist es der schon benannte Wille zur Lust, wie ihn Freud definierte? Oder das Machtstreben im Sinne der Psychologie Alfred Adlers? Für Viktor Frankl ist es weder der Wille zur Lust noch der Wille zur Macht, sondern der Wille zum Sinn. Der Mensch erlebt sich in seinem Leben als „sinnorientiert handelndes" Lebewesen. Er ist auf der Suche nach Sinn. Diesen Sinn kann er auf unterschiedliche Art und Weise finden.

Grundsätzlich gilt: Der Mensch ist bereit, auch schmerzliche Situationen durchzustehen, Entbehrungen zu ertragen, Verzicht zu üben, wenn es denn in seinen Augen nur Sinn ergibt. Denn wäre der Mensch ausschließlich lustorientiert, warum sollten sich Menschen dann noch für ihre Mitmenschen einsetzen?

Ich denke da an das Gespräch mit einer jungen Mutter, die trotz großer Erschöpfung von der Schönheit des Mutterseins spricht. Ich denke an einen Mann, der erzählt, dass sein Gehalt nur wenig höher ist als das Arbeitslosengeld. Warum sollten diese Menschen nicht lieber ihre „Lust" in der nächsten Kneipe oder Disco ausleben? Sie bestreiten und bestehen ihre Alltagsaufgaben nur deshalb, weil sie darin einen Sinn entdecken. Nur weil die Mutter ihrer jungen Tochter in die Augen sieht und weiß, dass sie genau zu diesem Zeitpunkt und an diesem Ort wichtig ist und gebraucht wird. Nur weil der Mann erkennt, dass es seine ganz persönliche Würde ist, sich nicht arbeitslos zu melden, sondern auch trotz schlechter Bezahlung seinem Handwerk nachzugehen. Nur deshalb behalten diese beiden Personen ihre Kraft, ihre Würde und letztendlich ihren Sinn. Wer keinen Sinn sieht, der erstarrt und handelt nicht. Wer sich nur nach dem schnellsten und bestmöglichsten Lustgewinn umsieht, der verarmt und wird unzufrieden. Jeder Mensch fragt früher oder später nach dem Sinn seines Lebens. Für Frankl gibt es keine Situation, die wirklich sinnlos wäre. Der Wunsch und das Verlangen des Menschen nach einem Sinn, einer persönlichen Aufgabe, nach einer persönlichen Verantwortung – wer so eine Aufgabe hat und einen Sinn darin sieht, der hat auch einen Grund, glücklich zu sein.

Dass dir der Himmel offen steht

Du hast gekämpft und hast gewonnen,
der Preis dafür, geprägt von Schmerz.
Und was gerade noch zerronnen,
ist jetzt ganz fest in deinem Herz.

Denn du liegst nicht lang am Boden,
du hast gelernt, bald aufzustehn.
Und so wagst du den Blick nach oben,
denn dieser Blick kann in den Himmel sehn.

Dass dir der Himmel offen steht,
wenn deine Welt grad untergeht,
und deine Augen immer wieder Gutes sehn.
Und dass dich jemand liebt,
wenn für dich sonst nichts übrig blieb,
und deine schmerzhaften Gedanken bald vergehn,
das wünsch ich dir.

Du hast gelebt und hast erfahren,
Erfahrung kostet letztlich dich.
Und die, die gestern Freunde waren,
die lassen heute dich im Stich.

Doch du hast ein starkes Wissen,
du weißt, dass es bald weitergeht.
Und diesen Schatz willst du nicht missen,
weil dir der Himmel offen steht.

Dass irgendwie die Wolken weiterziehn,
vielleicht, weil jemand sie wegschiebt.
Dass irgendwann dann wieder Kinder spieln,
weil irgendwo dann jemand jemand liebt.

Text und Melodie: Andi Weiss, CD:
„Heimat", © Andi Weiss

Binde deinen Karren an einen Stern

Ich bekomme nach Konzertreisen immer viele Briefe und E-Mails. Da schreiben Menschen: „Diese Geschichte, die Du da erzählt hast, das ist auch meine Geschichte!", oder: „Dieses Lied trifft gerade genau meine Lebenssituation!" Das freut mich. Einmal hat mir eine Frau auf einer ganzen DIN-A4-Seite geschrieben, was sie alles gut an mir findet. Diese Frau war mir auf Anhieb sympathisch! Ich habe den Brief mehrmals durchgelesen und muss gestehen, das hat mir gutgetan. Am Ende dieses Briefs schrieb die Frau: „Ich bewundere, wie Sie mit Ihren Gaben wuchern. Ich habe leider keine Gaben. Ich habe leider keinen Sinn im Leben!" Dieser Schluss hat mich sehr traurig gemacht. Ich glaube dieser Frau nicht. Ich glaube nicht, dass auf dieser Erde auch nur ein Mensch existiert, dessen Leben keinen Sinn hat.

Was ist Ihr Sinn? Leonardo da Vinci soll einmal diesen wunderbaren Satz gesagt haben: „Binde deinen Karren an einen Stern." An welchen Stern binden Sie Ihren Lebenskarren? Was gibt Ihnen Lebensmut? Was treibt Sie an? Viktor Frankl bringt auf den Punkt, *wie* ein Mensch ganz konkret Sinn in seinem Leben entdecken kann: Er kann erstens ein Werk erschaffen bzw. sich einer Aufgabe widmen, die seinem Dasein Sinn verleiht. Er kann sich zweitens an seinen Mitmenschen hingeben, „sich liebend verschenken", oder er kann – wenn das alles zum Beispiel wegen einer schweren Krankheit nicht mehr oder nicht mehr lange möglich ist – seine Einstellung zu seinem Leben drittens in einer Weise gestalten, dass er selbst sein Leid noch als sinnvoll und als Aufgabe erleben kann.

Ich denke da an eine Reise nach Indien, die wir vor einigen Jahren mit der Organisation *Opportunity International* unternommen haben. Diese Organisation hilft Menschen aus der Armut, indem sie ihnen Kleinkredite gibt. Ich habe bisher keine Entwicklungsarbeit kennengelernt, die Menschen in ihren Fähigkeiten und ihrem Können so würdigt, ermutigt und herausfordert. Sie müssen sich das folgendermaßen vorstellen: Wenn zum Beispiel ein Frau von Beruf Schneiderin ist, sich aber keine Nähmaschine leisten kann, dann kann sie sich bei der Organisation einen Kleinkredit holen. Mit diesem Geld kann sie sich eine Nähmaschine kaufen, mit der Nähmaschine ein Geschäft eröffnen und mit dem Geschäft ihre Familie ernähren. Die Frauen bekommen den Kredit nur dann, wenn sie weitere Frauen finden, die für diesen Kredit bürgen. Vermutlich liegt die Rückzahlquote deshalb bei knapp unter hundert Prozent. Um den Kredit zu erhalten, müssen die Frauen bereit sein, an wöchentlichen Treffen teilzunehmen. Dort tauschen sich die Frauen aus, werden geschult und berichten sich gegenseitig von ihrem Leben und ihrer Arbeit. Diese Treffen haben wir besucht. Bei einem Treffen zeigte mir eine Frau stolz ihr Kreditheft: „Schau! Zur Hälfte habe ich meinen Kredit schon abbezahlt! Das hat mir keiner geschenkt! Das habe ich mir selbst erarbeitet!"

Sinn entdeckt ein Mensch, wenn er selbst ein Werk erschaffen, mit seinen eigenen Händen etwas gestalten kann.

Bei einem anderen Treffen stand eine Frau auf und erzählte von ihrem kürzlich verstorbenen Mann. Während sie erzählte, begann sie jämmerlich zu weinen, und man merkte, wie tief dieser Schmerz saß. „Was soll ich denn jetzt mit meinem Geschäft machen? Früher habe ich mir die Arbeit und die Kinder mit meinem Mann aufgeteilt. Jetzt muss ich mein Geschäft aufgeben. Jemand muss sich doch um die Kinder kümmern!" Und während sie so erzählte und dabei weinte, fingen die Frauen an, die am Boden um sie herumsaßen, mit ihr mitzuweinen. Ich frage mich, wann ich das letzte Mal einen Menschen gesehen habe, der mit einem anderen Menschen mit-geweint hat? Kein billiges Mitleid, sondern ein „sich mit in die Grube setzen" und „mit-leiden und mit-weinen". Kein „Komm, so schlimm ist es doch nicht!", sondern ein liebevolles Einreihen in den Lebensweg des leidenden Menschen. Sich verschenken, liebend hingeben, einfach nur da sein – ohne schlaue Worte, ohne „Rat-Schläge", ohne Tipps und Tricks, was denn nun zu tun ist. Sinn entdeckt jemand, wenn er sich „liebend verschenkt".

Die dritte Möglichkeit, Sinn zu entdecken, sagt Frankl, besteht darin, das eigene Leid als Aufgabe anzunehmen und dadurch dieses Leid im Sinne einer Leistung aufrecht zu ertragen. Um diesen Gedanken Frankls zu verstehen, muss man in seine eigene Geschichte eintauchen. Frankl war Jude und überlebte mehrere Konzentrationslager – verlor aber seine Frau, seine Eltern und seinen Bruder. In dieser schweren Zeit entwickelte er maßgebliche Gedanken der Logotherapie weiter und war fest von ihr überzeugt, weil – nach eigener Aussage – die Theorien in Auschwitz und Dachau erprobt wurden. Frankl beobachtete, dass Häftlinge, die noch einen Sinn in ihrem Leben sahen, weil sie zum Beispiel zu Hause noch eine wichtige Aufgabe zu vollenden hatten oder weil dort jemand auf sie wartete, mit diesem schicksalhaften Erlebnis besser klarkamen, denn sie richteten ihr Denken auf die Zukunft aus. Immer wieder leuchtete die Erkenntnis auf: Wer ein Warum für sein Leben hat, erträgt fast jedes Wie. Frankl selbst bediente sich während eines langen Marsches zwischen Lager und Arbeitsplatz in der Kolonne eines Tricks. Obwohl er wunde Füße hatte, in offenen Schuhen ging und grimmigen Frost ertragen musste, stellt er sich vor, dass er in einem hell erleuchteten, schönen und warmen, großen Vortragssaal am Rednerpult stand. Vor ihm ein interessiertes Publikum in gemütlichen Polstersesseln und er hielt einen Vortrag über die Psychologie des Konzentrationslagers. Im Rückblick schrieb er das bewegende, zugleich erschütternde und ermutigende Buch *... trotzdem Ja zum Leben sagen*. Dieses Buch – Millionen Mal verkauft – wurde zum Überlebenstitel vieler Menschen, die sich in ihrem Leid einerseits verstanden, andererseits zum aufrechten Lebenskampf ermutigt fühlten.

Ja, Sinn entdeckt ein Mensch, wenn er lernt, sein Leid als Aufgabe anzunehmen, und es dadurch aufrecht ertragen kann. Aber diesen Sinn kann kein Mensch dem anderen plump empfehlen. Denn Sinn kann nicht erzeugt oder geschaffen werden. Sinn will und muss von jedem Menschen selbst gefunden werden. Diese heilsame, veränderte Einstellung zu seiner Erkrankung kann ein Mensch nur selbst entdecken. Für eine Mutter, die gerade ihr Kind verloren hat, wäre es doch ein Schlag ins Gesicht, wenn wir ihr einen Vortrag über die Sinnhaftigkeit dieses schrecklichen Augenblicks halten wollten. Wie will man einem Krebskranken den Sinn dieser tödlichen Krankheit erklären? Diese Antwort kann nur der leidende Mensch selbst geben.

Ich muss hier an einen Mann denken, der mir ausführlich, dankbar, fast schon glücklich von seiner Krebserkrankung berichtete. Begeistert erzählte er mir, welchen Tiefgang sein Leben seitdem bekommen hätte. Wie intensiv er seitdem sein Leben empfinden würde, wie viel Leben er seitdem gelebt hatte – weil er wusste, dass seine Zeit begrenzt war. Ich war von diesem Gespräch bewegt und beschämt zugleich. Wie oft jammern wir Menschen auf hohem Niveau, wie oft reden wir unser Leben schlecht? Wie oft hätten wir gern das, was andere haben? Dabei sind nicht nur unsere Gaben und unser Können, unser Hab und Gut Schätze, die unser Leben bereichern. Manchmal sind es erst die Krisen und dunklen Täler, die Abbrüche und schmerzhaften Kursänderungen, die uns den wahren Wert des Lebens zeigen.

Vor einiger Zeit las ich eine Geschichte über eine an Parkinson erkrankte Pianistin. Für sie steht fest, dass sie nicht mehr leben will, wenn sie kein Klavier mehr spielen kann. Die Krankheit schreitet fort. Als ihre Hände keine Klaviertasten mehr drücken können, sagt sie: „Wenn ich nicht mehr ohne Hilfe gehen kann, dann will ich nicht mehr leben.“ Doch es geht weiter, ihr Gesundheitszustand wird immer schlechter. Sie fürchtet sich vor dem Alleinsein und sagt ihren Besuchern: „Wenn ich allein bin und mich keiner mehr besuchen kommt, dann ist wirklich Schluss. Dann will ich nicht mehr leben.“ Am Ende liegt sie allein in ihrem Bett und summt vor sich hin. Niemand erkennt die Melodie, aber sie selbst scheint noch zu wissen, welches Lied ihr gerade durch den Kopf geht. In allem Leid hat sie die Liebe zur Musik behalten. Diese hat sie bis zum Schluss getragen.

Ich bewundere Menschen, die sich ganz einer Sache verschrieben haben und darin aufgehen. Ich denke da an Beethoven, der selbst nach dem Verlust seines Gehörs noch fünf Symphonien schrieb. Ich denke an das Genie Albert Schweitzer, der es nicht nötig hat, von anderen gelobt zu werden. Auf die Frage: „Warum reisen Sie in der dritten Klasse?", antwortet er: „Weil es keine vierte Klasse gibt!" Wenn ein Mensch weiß, wer er ist, was er kann und was das Ziel seines Lebens ist, braucht er sich nicht mehr selbst ständig zu vergewissern, wie wichtig er ist. Ich bewundere Menschen, die sich die Hände schmutzig machen und sich ganz in dieses Leben hineingeben. Nicht um ihrer selbst willen, sondern weil sie dienen wollen. Jesus sagte einmal: „Wer sich selbst erhöht, der wird erniedrigt; und wer sich selbst erniedrigt, der wird erhöht." Wir Menschen klammern uns so sehr an Erfolg und Anerkennung. Wir erhöhen uns, stellen uns gut dar, suchen uns erfolgreiche Freunde, zu denen wir heimlich aufblicken können. Wir sehnen uns danach, dass das, was wir tun, auch tatsächlich gesehen wird. Aber ist es nicht wirklicher Erfolg, einen traurigen Menschen zum Lachen zu bringen, einem Sterbenden die Hand zu halten, einen Gescheiterten zu ermutigen, einem Hilflosen aufzuhelfen …

Ein indonesisches Sprichwort sagt: „Nur Menschen, die die Härte des Lebens erfahren haben, lernen sich beugen, ohne ihren Stolz zu verlieren." Und ich möchte ergänzen: Der wahre (bzw. der gesunde) Stolz entsteht erst, wenn wir lernen, uns zu (ver-)beugen. Es ist unreif, wenn Menschen sich ständig abgrenzen und nur davon reden, was sie nicht gut finden, was man verbessern müsste und wer an den schlechten Umständen schuld ist. Der wirklich weise und reife Mensch lernt in der Anerkennung des Nächsten zu leben.

Neulich habe ich in einer katholischen Obdachloseneinrichtung ein Konzert gespielt. Ich war sehr bewegt von der Arbeit und der leidenschaftlichen Inbrunst der Ordensschwestern. Was mich aber noch mehr bewegte, war die Wertschätzung, mit denen die Schwestern ihrem „Klientel" begegneten. Nach vielen kleinen Erlebnisberichten und einer Führung durch die Einrichtung sagte eine der Schwestern: „... wir lernen auch viel von den Straßenbrüdern – und nicht nur neue Kraftausdrücke!"

An welchen Stern binden Sie Ihren Karren?

Hab dich lieb

Du suchst seit Jahrn
dieses verlorn gegangene Lied
nach der dir eignen Melodie.
Du schreibst auf 1000 Zettel
„Hast du mich lieb?“,
doch eine Antwort gibst du nie.

Du hast in allen Ecken
still nach dir gesucht.
Du findest dich nur nicht.
Zeit, dich zu entdecken,
auch wenn du dich verfluchst.
Da war doch irgendwo ein Licht –
oder nicht?

Bind deinen Karrn an einen hellen Stern,
der dich antreibt, der dich zieht.
Die Nacht vorbei, der Morgen nicht mehr fern.
Der Tag bricht an, komm, hab dich lieb.

Du hast seit Jahren dieses eine große Ziel,
endlich der sein, der du bist.
Auf deiner Suche wird dir alles schnell zu viel,
weil du dich dabei vergisst.

Was dir gegeben, gehört doch nicht nur dir.
Verschenkst du dich, dann wächst dein Glück.
Entdeck dein Leben – und nimm es nicht zu schwer.
Gib es einfach still zurück.

Text und Melodie: Andi Weiss, CD:
„Lieb dich gesund", © Andi Weiss

Scheißegal … Ich will leben!

Ich bin mir nicht sicher, warum ich eigentlich lieber auf Tour gehe: wegen der Konzerte oder wegen der bewegenden Gespräche, die sich nicht selten im Anschluss ergeben.

Wie zum Beispiel neulich nach einem Konzert. Eine Frau baut sich vor mir auf. Sie hat kaum noch Haare auf dem Kopf. Ihre Lippen sind eingefallen, denn in ihrem Mund befinden sich keine Zähne mehr. Mit heiserer, kaum hörbarer Stimme spricht sie mich an: „Andi, wie schön, dich wiederzusehen! Das war wieder ein wunderbares Konzert! Wie geht es dir denn?" In meinen Kopf rattert es. *Kennst du diese Frau? Sie kennt scheinbar dich.* Eigentlich merke ich mir Gesichter und meistens auch die Geschichten, die sie mir erzählen, recht gut. Nur Namen kann ich nicht behalten.

Sie bemerkt meine verlegene Reaktion und hilft mir auf die Sprünge. Natürlich kenne ich diese Frau. Wir haben uns tatsächlich schon öfter auf Konzerten und Veranstaltungen getroffen. Ja, ich kenne sie. Nur nicht in diesem Zustand. Seit unserem letzten Treffen scheint die Frau um Jahrzehnte gealtert. Ihr fast kahler Kopf, die fehlenden Zähne, die heisere Stimme – all das lässt sie viel älter erscheinen, als sie in Wirklichkeit ist. Sie erzählt mir von ihrer Krankheit, vom Krebs, der sie schier auffrisst, von ihrem Kampf auf Leben und Tod. Sie erzählt von den Ärzten, die ihr vor der lebensrettenden OP gesagt haben, dass die Chancen recht gering wären. Dass die OP weitreichende Folgen haben würde, dass sie ihre Zähne, ihre Haare, ihre Stimme verlieren würde. All das war ihr vor der OP bewusst.

Und dann sagt sie mir diesen einen Satz, den sie auch den Ärzten so im gleichen Wortlaut gesagt hat. Dieser eine Satz, der so existenziell und trotzig nach Leben ringt, kämpft, nicht aufgibt und der Krankheit mutig die Stirn bietet: „Scheißegal! Ich will leben!"

Friedrich Nietzsche hat einmal gesagt: „Wer ein Warum zum Leben hat, der erträgt fast jedes Wie." Ich frage mich selbst: Habe ich so ein Warum? Und ich möchte diese Frage ganz schonungslos an Sie weitergeben: Haben Sie so ein Warum? Wozu leben Sie? Ich stelle mir und Ihnen diese Frage nicht, weil ich der Meinung wäre, wir hätten dieses Warum nicht und müssten es erst erfinden, für viel Geld kaufen oder durch harte Arbeit selbst erschaffen. Ich glaube, unser eigenes, persönliches Warum ist schon längst in unserem Leben vorhanden.

Vielleicht glänzt es nicht so schön wie die Träume und Vorstellungen, die man früher einmal hatte. Ich habe als junger Mensch sehr mit dem Bibelwort gerungen: *„Wenn das Weizenkorn nicht in die Erde fällt und erstirbt, bleibt es allein; wenn es aber erstirbt, bringt es viel Frucht"* (Johannes 12,24). Ich wollte nicht sterben, ich wollte immer leben. Und ich hatte schöne und wunderbare Pläne, wie dieses Leben auszusehen hat. Wie oft müssen erst Luftschlösser und Traumbauten einstürzen, bis wir den wahren Kern unseres Daseins und die eigentliche Lebensaufgabe entdeckt haben? Wie viele Träume müssen platzen, bis wir den Weg finden, für den wir eigentlich bestimmt sind? Viktor Frankl fügt dieser wahren Aussage noch etwas hinzu: „Wer seinen Sinn im Leben gefunden hat, der wird daran nicht nur glücklich – sondern auch leidensfähig."

Ich denke da an eine Frau aus meiner Gemeinde, der vor Kurzem ein Tumor hinter ihrem Auge entfernt wurde. Die Operation war nicht einfach, und es wird noch lange dauern, bis das Auge aufhört, ständig zu tränen. Trotz dieser unangenehmen Umstände geht sie unermüdlich anderen Menschen, die der deutschen Sprache nicht mächtig sind, zur Hand, erledigt Behördengänge und hilft ihnen, sich in diesem neuen, fremden Land zurechtzufinden. Als sie mir das im Gespräch erzählt, drücke ich ihr meine Bewunderung aus. Daraufhin sagt sie: „Aber das tue ich nicht nur für die anderen. Das mache ich auch für mich selbst. Denn immer, wenn ich mich um andere kümmere, schmerzt mein Auge weniger."

Immer, immer wieder

Du kaufst die Zeit aus, stehst im Leben.
Du kennst und spürst genau, wozu du lebst.
Du hast mit dir so viel gegeben.
Du weißt und ahnst ganz tief, um was es geht.

Du lebst in deinen Stärken auf,
das kann dir keiner nehmen.
Schaust – den Himmel über dir –
dem Leben ins Gesicht.

Und immer, immer wieder gehst du weiter.
Immer, immer wieder schaust du (weit) nach vorn.
Und immer, immer wieder machst du weiter,
stellst dich immer wieder und lebst,
lebst noch mal von vorn.

Du weißt, dass auch in stummen Zeiten
was dich grad lähmt nur vorwärtstreibt.
Bist nicht zu bremsen, kannst nicht scheitern.
Schreibst dein Gedicht im Jetzt für die Ewigkeit.

Text und Melodie: Andi Weiss, CD:
„Laufen lernen", © Andi Weiss

Schöner scheitern

Inzwischen ist die Frau, von der ich Ihnen gerade erzählt habe, gestorben. Der Krebs war stärker. Aber hat sie den Kampf wirklich verloren? Ist der Tod eines Menschen wirklich eine Niederlage?

Viktor Frankl spricht einmal von der „tragischen Trias" – drei elementaren Dingen, die jedem Menschen im Laufe seines Lebens begegnen: Leid, Schuld und Tod. In einem Lied singe ich: „*Und keiner sagt, es wird nur leicht, bis man das große Ziel erreicht. Bis man den Sinn versteht und lebt und mutig eigne Wege weitergeht.*" In diesen Liedzeilen stecken für mich mehrere Wahrheiten, mit denen ich mich täglich neu auseinandersetzen und von denen ich mich immer wieder herausfordern lassen muss: Das Leben hat seine tragischen und brüchigen Momente. Niemand geht nur im Sonnenschein durchs Leben. Jeder Mensch kennt die Krisen und dunklen Täler, jeder Mensch hat eine Ahnung, was es bedeutet zu scheitern, der eigenen Angst zu begegnen, sich mit seinen Ecken und Kanten auseinanderzusetzen, Fehler zu machen, Menschen zu verletzen, schuldig zu werden, sich eine blutige Nase zu holen, zu fallen und daran manchmal schier zu verzweifeln. Aber es gibt eben ein großes Ziel. Damit meine ich gar nicht zuerst jenseitige Ziele – auch wenn das für mich eine wichtige und heilsame Hoffnung ist.

Ich glaube, dass es auch große diesseitige Ziele gibt, die es zu erreichen und immer wieder neu zu buchstabieren gilt.

Leid – Schuld – Tod. Diese drei Dinge betreffen jedes Menschenleben. Jeder Mensch erfährt in seinem Leben früher oder später Leid, jeder Mensch macht sich im Leben immer wieder schuldig oder erfährt, dass Menschen an ihm schuldig werden. Und jeder Mensch hat ein zeitlich begrenztes Leben – also jeder Mensch muss einmal sterben. Das verbindet alle Menschen miteinander. Kein Mensch kann also unvermeidbarem Leid, unausweichlicher Schuld und dem unentrinnbaren Tod entgehen. Das heißt aber auch, dass niemand mit diesen Erfahrungen für sich allein ist. Sicher, die Erfahrungen, die jeder Mensch individuell gemacht hat, schreiben seine ganz persönliche Geschichte. Die Schuld, mit der sich jeder Mensch aufgrund des Spannungsfelds von Freiheit und Verantwortlichkeit unvermeidbar konfrontiert sieht, ist seine persönliche Schuld. Die Krise, die ein Mensch erlebt, ist seine ganz persönliche Krise, die mit keiner Krise eines anderen Menschen vergleichbar wäre. Das Wort „Krise“ wird vom altgriechischen Verb *krínein* hergeleitet. Es bedeutet so viel wie „trennen“ oder etwas „(unter-)scheiden“. Die Krise, in die ein Mensch durch seine eigene Tat – oder die Tat des anderen an ihm – gerät, trennt also das Leben in ein „Vorher“ und ein „Danach“. Wer eine Krise erlebt hat, weiß, dass eben plötzlich „nichts mehr so war wie vorher“. Da hat sich etwas verändert. Das Leben, die Umstände – aber auch die Sicht auf die Dinge. Dabei geht es bei der Schuldfrage nicht immer nur um die Frage, welche schlechten, verletzenden Dinge ein Mensch gedacht, gesagt oder getan hat. Schuld bedeutet auch, etwas *nicht* getan zu haben, was aber meine Aufgabe gewesen wäre. Schuld ist demnach eben nicht nur die aktive Tat, sondern auch die passive Haltung in einer Situation, in der ich eigentlich aktiv werden müsste – aber schweige. Ein Mensch, der teilnahmslos zusieht, wie eine Frau auf der Straße ausgeraubt wird, macht sich gleichermaßen schuldig.

Was macht dieses Wissen mit Ihnen? Macht es Sie traurig? Lebensmüde? Entmutigt dieses Wissen Sie? Nimmt es Ihnen die Kraft, weil das Leben so schwer und doch sowieso nicht zu schaffen ist?

Bei der Fußballweltmeisterschaft vor einigen Jahren in Südafrika begeisterten mich die Südafrikaner. Kurz vor dem Eröffnungsspiel sah man die Mannschaften aus dem Bus steigen. Die Mexikaner verließen ihr Transportmittel siegessicher und konzentriert. Sie wussten, dass der Fleiß und die Konzentration, das Training der letzten Wochen und der Wille zum Sieg sie weit bringen konnten. Da fuhr der Mannschaftsbus der Südafrikaner vor. Die Türen öffneten sich. Man sah schon von außen durch die Scheiben, dass in dem Bus kräftig getanzt wurde. Und so tanzten die Spieler auch aus dem Bus. Man spürte keine Aufregung, fühlte keine Angst, war von den Gladiatoren, denen man den Erfolg kaum zutraute, einfach angetan und begeistert. In einem Interview sagte ihr Trainer: „Wir tanzen immer! Wir tanzen vor dem Spiel, um uns warm zu machen! Wir tanzen in der Pause, um die Spannung zu halten! Und wir tanzen nach dem Spiel – erst recht, wenn wir verloren haben!"

Ich wünsche mir eine gesunde Kultur des Scheiterns. Wie sonst will man denn reifen und sich weiterentwickeln? Wenn ich mir überlege, in welchen Momenten des Lebens ich reifen und mich weiterentwickeln durfte, dann sind das die Augenblicke, in denen ich gescheitert bin, versagt habe, anderen Menschen und mir selbst nichts Gutes getan habe. Und doch: Ohne diese Momente wäre ich nicht der Mensch, der ich heute bin. Ich könnte nicht die Lieder schreiben, nicht die Geschichten erzählen, nicht Menschen in dem Maß ernst nehmen, wie ich es in meinem aktuellen Dasein als Künstler und Lebensbegleiter tun darf. Natürlich waren das teilweise sehr schmerzhafte Stunden, in denen ich mich mit mir selbst auseinandersetzen musste. Momente, in denen ich lernen musste, meinen eigenen Weg zu finden und zu gehen. Ich glaube, jede schwierige Erfahrung des Lebens stellt die große, entscheidende Frage: Lasse ich mich gehen – oder lerne ich an jedem Tag wieder neu laufen? Dafür brauchen wir gute Wegbegleiter, Ermutiger, Menschen, die sich nicht daran ergötzen, dass andere scheitern – sondern die uns aufhelfen, stärken, an uns glauben. Nur so können wir selbst zum Ermutiger und Bestärker anderer werden.

Ich frage mich, welcher Radausflug schöner ist: der im leichten Gang um den Block? Oder der im schweren Gang über Berge und durch Täler, nach dem man sich dann verschwitzt die Kleider vom Leib streift, in die Dusche springt und sich auf den Muskelkater am nächsten Tag freut? Im übertragenen Sinne glaube ich, dass es keine echte Lebenserfüllung gibt, wenn man sich immer nur den einfachsten, leichtesten Weg durchs Leben aussucht. „Ohne Fleiß kein Preis“, sagt der Volksmund, und ich denke, darin steckt eine tiefe Wahrheit. Ich glaube, dass ein Mensch auf diese Weise lernen kann, über seine eigenen engen Begrenzungen hinauszuwachsen. Das ist der entscheidende Unterschied.

Ich erlebe in der Begleitung anderer oft dieses fehlende Warum im Leben der Menschen. Damit meine ich nicht, dass die Menschen dieses Warum nicht hätten. Sie haben sich einfach noch nicht auf die Suche danach gemacht oder wehren sich dagegen, weil sie gern einen anderen Lebensweg gehen würden. Aber einen anderen Lebensweg als den eigenen gibt es nun mal nicht.

Ich empfinde mein Leben definitiv nicht als unanstrengend – aber ich erfahre dafür im Gegenzug so viele Momente und Begegnungen, die mich dafür belohnen, nicht den einfachsten Weg eingeschlagen zu haben. Diesen Schatz entdecke ich auch in der Begleitung anderer Menschen. Ich bin von Natur aus eher neugierig und habe ein Leben gewählt, das mich oft ungefragt zum Weiterdenken, Weiterfragen, Weitergehen zwingt. Nicht selten bin ich mit sehr spannenden, kratzenden, hinterfragenden, unangenehmen und kniffligen Momenten konfrontiert. Da wird eine Lebensantwort, die sich über eine lange Zeit so schön angehört hat, durch die Begegnung mit einem anderen Menschen plötzlich massiv infrage gestellt. Das rüttelt manchmal ganz schön an den eigenen Fundamenten. Aber ich finde das gut, wichtig und gesund. Ich glaube, die wichtigsten Weichenstellungen meines Lebens waren die erzwungenen Momente, Begegnungen, die ich mir nicht selbst ausgesucht habe, Orte, an die Menschen nur ungern gehen: an Sterbebetten, auf den Friedhof oder ins Krankenhaus. Ich habe immer wieder erlebt, dass gerade solche Sinnkrisen – sowohl bei mir als auch bei Menschen, die ich begleite – so manche Luftschlösser einstürzen ließen. Aber nach solchen Krisen ist man doch wieder ein Stück näher an der Realität, tiefer am Lebensgrund und intensiver mitten im Leben, wagt weitere Schritte im Lebenslauf.

Frankl sagt, das heilsame und sinnvolle Lebensziel sei es, *„Leid in Leistung, Schuld in Wiedergutmachung und das Wissen um den eigenen Tod in ein verantwortliches Handeln zu verwandeln"*. Für mich ist es nach Beerdigungen immer ein bewegender Moment, wenn ich den Friedhof wieder verlasse. Es ist wie ein Schritt in ein neues Leben. Mir wird in diesem Augenblick immer wieder ganz neu bewusst: Ich habe noch eine Frau, ich habe noch ein Kind, ich habe noch Eltern, ich habe noch Freunde, ich habe noch mein Leben. Und jedes Mal, wenn ich die Tür des Friedhofs hinter mir schließe, ist das wie eine neue Chance, eine neue Erinnerung: Ich bin der Gestalter meines Lebens. Das heißt nicht, dass ich von Leid verschont bleibe, wenn ich mich nur kräftig anstrenge. Das bedeutet nicht, dass ich nicht immer wieder scheitere. Es bedeutet nicht, dass ich nie wieder an anderen Menschen und andere Menschen nie wieder an mir schuldig werden. Und dieses Wissen erspart es mir auch nicht, mich eines Tages von dieser Erde verabschieden zu müssen. Aber es hält mir mein eigenes Leben wie ein weißes Blatt Papier vor Augen. Es ermutigt mich, zu handeln, zu gestalten, zu leben. Das nimmt mir zwangsweise die Chance, Ausreden zu finden. Denn dieses Wissen zeigt mir auf: Ich habe nur dieses eine begrenzte Leben. Und am Ende dieses Lebens werde ich mich nicht fragen müssen, wie oft ich hingefallen bin, sondern wie oft ich aufgestanden bin. Ich werde mich nicht fragen müssen, wie oft ich an Grenzen gestoßen bin, sondern wo ich Grenzen überwunden habe. Am Ende meines Lebens werde ich mich nur fragen: Habe ich mich von Hass und Streit überwinden lassen oder habe ich mich lieben lassen und habe ich geliebt? Ich glaube, wenn man das immer im Auge behält, wird man ein demütiges und zugleich selbstbewusstes Bild von sich selbst bekommen.

Dazu passt eine Geschichte, in der es um einen Mann geht, der einen Rabbi aufsucht und ihm folgende Frage stellt: „Rabbi! Sag, warum hat jeder Mantel zwei Taschen?“

Der Rabbi überlegt eine Weile und antwortet: „Damit man zwei Zettel bei sich tragen kann. Auf dem einen steht: ‚Um meinetwillen wurde die Welt erschaffen.‘ Und auf dem in der anderen Tasche: ‚Von Staub bin ich genommen und zu Staub werde ich.‘ Mein Freund, vergiss nicht, abwechselnd in beide Taschen zu greifen.“

Derek Redmonds größtes Rennen

1988 fährt der junge Derek Redmond zu seinen ersten Olympischen Spielen nach Seoul. Die Erwartungen sind hoch. Er ist der britische Rekordhalter über 400 Meter. Wenige Minuten vor seinem ersten Lauf verletzt er sich an der Achillessehne. Die Spiele sind für ihn gelaufen. Aus und vorbei. Als er 1992 zu seinen zweiten Olympischen Spielen nach Barcelona aufbricht, liegen acht Operationen hinter ihm. Aber die Vorbereitungen verliefen gut. Schon im ersten Lauf läuft er Bestzeit. Auch das Viertelfinale kann er als Sieger für sich entscheiden. Jetzt nur noch das Halbfinale gewinnen und das ersehnte Finale ist erreicht.

Redmond geht an den Start. Der Schuss fällt und schon beginnt das große Rennen. Nach 100 Metern liegt er auf Platz zwei. Nach 250 Metern bleibt er stehen und die Kamera fängt sein schmerzerfülltes Gesicht ein. Man sieht Redmond auf dem Boden knien und weinen. Doch dann steht er plötzlich auf. Humpelnd nimmt er wieder Kurs auf das Ziel. Die Szene ist dramatisch und bekommt plötzlich noch eine ganz andere Wende, als ein Mann von der Tribüne auf die Laufbahn klettert und auf Redmond zuläuft. Sofort wird er von einem Ordner gestoppt, doch er schüttelt den Mann ab und kämpft sich zu dem Sprinter durch. Es ist sein Vater. Er stützt seinen Sohn und ruft ihm zu: „Du musst das nicht machen!" Doch Derek Redmond hat sich entschieden. Er will ins Ziel. Er will den Lauf zu Ende laufen. „Gut, dann beenden wir diesen Lauf gemeinsam", sagt sein Vater, und gemeinsamen gehen die beiden unter dem Beifall von 65 000 Zuschauern bis ins Ziel.

Später sagt Redmond in einem Interview, dass er sich am Boden kniend mit all den Schmerzen bewusst gemacht habe: „Das hier ist ein olympisches Halbfinale, und du bewegst jetzt verdammt noch mal deinen Hintern ins Ziel."

Mein Freund Patrick ist sehr sportlich (das unterscheidet uns voneinander!). Ich bewundere ihn dafür. Er klettert und fährt sehr gut Ski. Zu seinen Hobbys gehört auch Fahrradfahren. Neulich fand in München ein 24-Stunden-Rennen statt. Er hatte mit Arbeitskollegen seit Monaten dafür trainiert. Viele Teams kämpften sich 24 Stunden lang im Olympiapark über eine vorgegebene Strecke. Zu Beginn besuchten wir die Fahrer und jubelten ihnen beim Vorbeifahren zu – gingen aber dann auch bald wieder heim. Ich finde, selbst Menschen beim Sport zuzuschauen, kann schon sehr anstrengend sein. Kurz vor Schluss wollten wir natürlich wissen, wie das Rennen ausgehen würde, und kamen am anderen Tag wieder. Sichtlich ausgemergelt und abgekämpft strampelten die Fahrer ihre letzten Kilometer. Einer nach dem anderen fuhr nach vielen Stunden endlich über die Ziellinie. Zuvor musste allerdings ein bergiges Stück Wiese überwunden werden. Plötzlich stürzte ein Fahrer und fiel hin. Er hatte sich bei dem Sturz sichtlich wehgetan. Die Zuschauer begannen, im Takt zu klatschen. Selbst die gegnerischen Fans, die während der letzten Stunden ihren Fahrern zugejubelt und sie zum Sieg angefeuert hatten, verbündeten sich und vergaßen plötzlich jeglichen Konkurrenzgedanken. Langsam stand der verletzte Fahrer auf, nahm sein Fahrrad und trug es humpelnd bis zum Schluss. Stolz trug er es unter dem Jubel der Menge über die Ziellinie, um sich dort verarzten zu lassen.

Leiden wir mit anderen Menschen mit? Stützen wir andere Menschen, wenn sie unsere Hilfe brauchen? Oder macht es uns eher Freude, wenn Menschen um uns herum scheitern, weil wir selbst dann besser wegkommen? Ich sehne mich nach Menschen, die nicht hämisch grinsen, wenn Menschen fallen, sondern bereit sind, Fallende aufzufangen. Ich wünsche mir Menschen, die anfangen, Gefallene wiederaufzubauen und zu motivieren! Ich sehne mich nach Menschen, die sich immer wieder dankbar daran erinnern, dass sie „begnadigte Sünder“ sind – und das auch in ihrem Umgang mit anderen Menschen so leben und sichtbar machen.

Laufen lernen

Du hast's probiert und nicht geschafft.
Wer oft verliert, dem fehlt die Kraft,
bald aufzustehn, nach vorn zu sehn.
Heb deinen Kopf – bleib stark – steh wieder auf.

Vom ersten Schritt bis zum letzten Gang
tastest du dich den Weg entlang.
Zeig mir nur ein', der nur grad geht,
der nicht, wenn einer fällt, das auch versteht.

Und ich werd dich, ich werd dich wieder laufen sehn.
Leben heißt hinfalln und aufstehn und weitergehn.
Laufen lernt man nicht an einem Tag.
Heb deinen Kopf – steh wieder auf – bleib stark.

Und keiner sagt, es wird nur leicht,
bis man das große Ziel erreicht.
Bis man den Sinn versteht und lebt
und mutig eigne Wege weitergeht.

Und wenn du wieder fällst und nichts den Tag erhellt und du dich selbst aufgibst und nichts an dir mehr liebst, wenn alles untergeht, kein Mensch dich mehr versteht, scheint alles weit entfernt – steh auf, um laufen zu lern'.

Text und Melodie: Andi Weiss, CD:
„Laufen lernen", © Andi Weiss

Jeder Mensch kann tanzen

Einmal habe ich in einem Treffpunkt für behinderte Menschen ein Konzert gespielt. Eine junge Dame saß in ihrem Rollstuhl direkt vor meinem Klavier und hatte sichtlich Freude daran, jede meiner Geschichten, Worte und Gedanken mit ihren eigenen Geschichten, Worten und Gedanken, die ihr spontan in den Sinn kamen, zu bereichern. Das machte das Konzert auch für mich interessant. Während der Liedzeile „Wer jetzt nicht tanzt, wird nie mehr tanzen!“, rief sie traurig dazwischen: „Ich kann gar nicht tanzen! Oooh! Ist das traurig!“ Ich unterbrach meinen eigenen Gesang, spielte ein paar Akkorde weiter und sagte spontan: „Ach, das glaube ich nicht. Ich glaube, jeder Mensch kann auf seine Art und Weise tanzen!“, und hätte mir für diesen Satz am liebsten gleich auf die Zunge gebissen. Schnell griff ich das Lied wieder auf und hoffte, dass sich über diesen eigentlich zu schnell dahingesagten Satz niemand aufregen oder verletzt sein würde. Was dann geschah, ging mir unter die Haut. Mit einem „Ach, so ist das?“ begann die vorlaute Konzertbesucherin, erst ein wenig im Takt zu wippen, dann wurde daraus ein rhythmisches Zucken, und plötzlich erhob sie sich immer wieder für ein paar Sekunden, riss die Arme in die Luft und jauchzte. Ich war bewegt und hatte sichtlich Schwierigkeiten, das Lied zu Ende zu bringen. Jeder Mensch kann tanzen!

Eine meiner CDs trägt den Titel „Laufen lernen“. Auf dem Cover sitze ich im Münchner Olympiastadion und beobachte von den Rängen aus das Geschehen. Ich wurde nun schon oft gefragt, warum ich auf dem Cover nicht laufe, sondern sitze. Vor ein paar Jahren drehten wir ein Musikvideo für das Lied „Tanz im Regen“. Unterschiedlichste Menschen spielten in diesem Video mit: eine fast hundert Jahre alte Frau, ein paar Bauarbeiter, ein Punker-Pärchen. Die Textstelle „Du bist doch frei, dich zu bewegen“ unterlegte der Produzent des Videos mit der Aufnahme einer jungen Frau im Rollstuhl. Ich war mir unsicher, ob das Menschen, die sich selbst in einer solch schwierigen Lebenssituation befinden, nicht verärgern würde. Also fragten wir eine Freundin, die selbst im Rollstuhl sitzt, und die Antwort war für mich lehrreich-verblüffend: „Natürlich bin ich frei, mich zu bewegen“, schrieb sie. „Ich halte mich sogar für viel beweglicher als viele Menschen in meinem Umfeld, die nicht im Rollstuhl sitzen. Denn ich kann in meiner Meinungsbildung beweglich bleiben. Meine Gedanken sind beweglich, und so kann ich zwar nicht meine Situation, aber die Einstellung zu meiner Situation verändern.“

Das hat mich bewegt, denn genau das heißt für mich „Laufen lernen“. Manche Dinge im Leben können wir angehen und verändern. Manchmal braucht es Aufbrüche, Abbrüche und Umbrüche – Kurskorrekturen, die nötig sind, damit wir uns selbst treu bleiben. Aber es gibt eben auch Dinge, die wir nicht verändern können – doch an diesen Punkten können wir dann zumindest die Einstellung dazu verändern und so das Leben auch mit seinen schwierigen Seiten als Aufgabe und Herausforderung annehmen.

Tanz im Regen

An diesem Tag will ich dir sagen,
wie schön, dass du geboren bist.
Und wünsch dir, dass du deine Klagen
an diesem Tag einmal vergisst.
Manchmal sieht man viele Sterne –
manchmal sieht man sie auch nicht.
Scheint dein Glück auch in der Ferne –
keine Rettung dir in Sicht.

Und dann tanzt du durch den Regen,
bis die Sonne scheint,
wenn du nicht tanzt, dann regnet es doch auch.
Und dann feierst du dein Leben, bist mit dir vereint –
und Schlechtes, das weißt du, geht vorbei.
Du bist doch frei, dich zu bewegen –
halt dich nur immer an mir fest.
Glaub mir, der Wind wird sich wieder legen,
wenn du den Regen durch dein Leben tanzen lässt.

An diesem Tag will ich dich fragen,
wo in dir das Schöne wohnt.
Was dir die Freude wiederschenkt
und wie dein Herz sich selbst belohnt.
Wart nicht erst auf bessre Zeiten,
wart nicht auf den einen Tag.
Denn du kannst doch nicht bestreiten,
dass deine Seele tanzen mag.

Text und Melodie: Andi Weiss, CD:
„Lieb dich gesund", © Andi Weiss

Mir wäre das nicht passiert

Ich liebe es, auf Konzerttour zu gehen. So lerne ich seit Jahren unser schönes Land und den deutschsprachigen Raum kennen. Unterwegs versuche ich – auch wenn meistens die Zeit knapp ist –, etwas von der Geschichte der Umgebung, der Stadt, des Landes aufzuschnappen. So komme ich auch immer wieder an Gedenkstätten, die mahnend an die dunklen Kapitel unserer deutschen Geschichte erinnern. Es ist sicher keine angenehme, entspannende Freizeitbeschäftigung, wenn man sich diesen schmerzhaften Rückblick immer wieder antut. Die Dokumentationsfilme, die Zellen, die schrecklichen Bilder, die grausamen Daten und Fakten – all das schmerzt und macht immer wieder aufs Neue fassungslos. Und doch glaube ich, dass diese furchtbare Rückschau auf die Geschichte unseres Landes von Zeit zu Zeit notwendig ist.

„Wer nicht bereit ist, aus der Geschichte zu lernen, ist verdammt, sie zu wiederholen!" Dieser mahnende Satz ist heute wieder aktueller denn je. Wie oft habe ich schon Menschen mit stolz geschwellter Widerstandsbrust reden hören, dass sie doch im Dritten Reich aufrichtig gegen Hitler aufgestanden wären. Unsere Eltern und Großeltern hätten doch einfach nur den Mund aufmachen müssen. Sie selbst hätten nicht geschwiegen und bei ihnen hätte Hitler keine Chance gehabt. Ich frage mich ganz persönlich, wie ich mich verhalten hätte, und werde recht schnell kleinlaut. Natürlich wäre ich dagegen gewesen. Natürlich hätte ich die unmenschliche Art und Weise dieses schrecklichen Diktators und die Verblendung eines ganzen Volkes maßlos falsch gefunden. Natürlich sprechen mich nicht nur die tiefgründigen Gedanken, sondern vor allem das unweigerlich aufrichtige Lebenszeugnis Dietrich Bonhoeffers an. Aber wäre ich selbst „dem Rad in die Speichen gefallen", wie Bonhoeffer mahnte? „Wer glaubt, flieht nicht!", waren seine beeindruckenden Worte. Aber sosehr ich diesem uneingeschränkt glaubwürdigen Menschen inhaltlich nacheifere und zustimme, so sehr frage ich mich, ob ich im Ernstfall selbst nur annähernd diesen Mut bewiesen hätte.

In uns Menschen steckt immer beides – das Gute und das Schlechte. Wir sind zu beidem fähig. Viktor Frankl erinnert, dass es Menschen waren, die Millionen andere Menschen vergast, erschlagen, ermordet, drangsaliert und geschunden haben. Aber es waren auch Menschen, die mit anderen Menschen noch ihre letzten Krümel Essen geteilt haben, die musiziert und Trost gespendet haben. Es waren Menschen, die aufrecht singend, betend in die Gaskammern gegangen sind. Wir sind diese Menschen. Wir sind genauso in gleichem Maß zu beidem fähig.

Ich glaube, die Menschen der Bibel kann man beim Lesen auch ganz unterschiedlich betrachten. Sind es wirklich nur die Negativbeispiele, die es braucht, um den Kindern im Kindergottesdienst zu erklären, was Moral und Anstand bedeuten? Blicke ich schon während des Lesens abfällig auf Judas, Petrus, den reichen Kornbauern, den reichen Jüngling, die Zöllner, die Prostituierten, die

Kranken herab – ja, diesen ganzen gescheiterten, unmoralischen Abschaum, der eigentlich in unseren Saubermanngemeinden nichts zu suchen hat? Oder gestehe ich mir ein, dass auch in mir ein Teil von Petrus lebt? Dass auch ich nicht immer rede, wenn ich reden sollte? Dass auch ich manchmal mit meinem Leben meine Prinzipien verleugne? Wohnt nicht auch in mir ein verräterischer Judas? Man könnte die Liste noch lange fortführen, und wenn wir einmal ehrlich sind, steckt in jedem von uns das Potenzial zum Guten wie auch zum Schlechten. Wenn wir das uns Unliebsame verleugnen, es in die Ecken unseres Lebens schieben, die niemand sehen kann, wird es ein Eigenleben führen, und wir werden schlussendlich die Kontrolle darüber verlieren. Wie war das noch? „Wer nicht bereit ist, aus der Geschichte zu lernen, ist verdammt, sie zu wiederholen!"

Arno Gruen schreibt in seinem Buch *Der Fremde in uns*: *„Das ist der uns eigene Teil, der uns abhandenkam und den wir zeit unseres Lebens, jeder auf seine Weise, wiederzufinden versuchen. Manche tun dies, indem sie mit sich selbst ringen, andere, indem sie andere Lebewesen zerstören. Der Widerstreit zwischen diesen zwei Ausrichtungen des Lebens, die beide von derselben Problematik bestimmt sind, wird über die Zukunft unseres Menschseins entscheiden."*

Mich erinnert das an die Geschichte mit den beiden Indianern, die am Feuer sitzen. Der junge Indianer sagt zum alten: „Mir ist es, als ob in meinem Herzen zwei Wölfe wohnen. Der eine Wolf ist gut, lebensbejahend und freundlich. Der andere Wolf ist böse, zerstörerisch, wütend und gemein. Welcher Wolf in mir wird gewinnen?"

Da antwortet der Alte: „Der Wolf, den du fütterst …"

Sing dein Lied

Leben ist das, was passiert,
wenn man sich hierher verirrt –
dann kommt die Zeit, Zeit.

Du stellst dich an, du stellst dir vor –
und kommst nicht weiter wie zuvor –
bist du bereit? Bist du bereit?

Wenn sich die Welt aus ihren Angeln hebt
und du nicht mehr weißt, wie's weitergeht,
sing dein Lied, sing dein Lied.

Wenn dich im Hier und Jetzt dein Mut verlässt,
wenn nichts dich stärkt, nichts hält dich fest,
sing dein Lied, sing dein Lied.

Du hast doch Flügel – flieg, so weit du kannst.
Du bleibst nicht stehn, solang du tanzt.
Wenn du aufstehst und nicht immer vor dir fliehst,
sing dein Lied.

Leben ist das, was passiert,
weil man gewinnt und mal verliert,
und das braucht Zeit, Zeit.

Summst du erst deine Melodie,
verlierst du nicht – verstummst du nie.
Bist du bereit? Es ist so weit!

Text und Melodie: Andi Weiss, CD:
„Laufen lernen“ © Andi Weiss

Lebens-Wert

Ein Professor unterhielt sich einmal mit seinen Studenten über die große Frage, wann ein Leben lebenswert sei. Die Studenten hatten zu diesem Thema ganz unterschiedliche Meinungen und Gedanken. Um die Studenten vor eine konkrete Entscheidung zu stellen, schrieb er in kurzen Stichworten folgende Eckdaten an die Tafel:

der Vater hat Syphilis und ist Alkoholiker
die Mutter hat Tuberkulose
das 7. Kind ist unterwegs, 4 Kinder dieser Familie haben das Kleinkindalter nicht überlebt

Unter diesen Umständen waren sich fast alle Anwesenden einig: Man würde der Mutter dringend zu einem Schwangerschaftsabbruch raten. Daraufhin sagte der Professor: „Herzlichen Glückwunsch, Sie haben soeben Ludwig van Beethoven ermordet."

Verstehen Sie mich bitte nicht falsch: Ich möchte an dieser Stelle keinen moralischen Zeigefinger über Frauen schwingen, die in ihrem Leben schon aus unterschiedlichsten Gründen über den Abbruch ihrer Schwangerschaft nachgedacht haben. Es steht niemandem zu, darüber zu urteilen. Denn wie schnell ist man mit Kritik bei der Hand – vor allem dann, wenn man selbst gar nicht betroffen ist? Und gerade als Mann kann ich mir nicht anmaßen, die Situation einer Frau zu beurteilen.

Trotzdem möchte ich mich mit Ihnen über die Frage unterhalten, wann denn nun ein Leben lebenswert ist. Ich meine damit nicht nur während der Schwangerschaft – sondern ist *Ihr* Leben hier und heute lebens-wert?

Die wunderbare Elisabeth Lukas, Professorin und die wohl bekannteste Schülerin Frankls, hat einmal eine bewegende Geschichte von Viktor Frankl erzählt. Dieser wurde mitten in der Nacht von einer ihm völlig fremden Frau angerufen. Aus dem Tiefschlaf gerissen, fragte er nach dem Grund ihres Anrufs, und sie erzählte ihm frei von der Leber weg, dass sie nun ihrem Leben ein Ende setzen würde und dass auch niemand sie von diesem festen Entschluss abbringen könne. Sie hatte allerdings von dem berühmten Psychiater Professor Frankl gehört und nun wollte sie doch noch einmal mit ihm darüber sprechen. Dennoch würde auch er sie trotzdem nicht von ihrem Entschluss abhalten können.

Frankl sprach geduldig mit ihr und rang leidenschaftlich um das Leben der Frau. Nachdem beide nun eine längere Zeit miteinander gesprochen hatten, nahm Frankl ihr das Versprechen ab, dass sie sich zumindest in dieser Nacht nicht umbringen und am nächsten Tag in seine Praxis kommen würde.

Tatsächlich hielt sich die Frau an ihr Versprechen und suchte am nächsten Tag quicklebendig die Praxis von Frankl auf. „Sehen Sie", sagte er „es war doch gut, dass Sie sich nichts angetan haben!"

Die Frau dementierte: „Es waren nicht Ihre therapeutischen Methoden und auch nicht Ihre großen Worte, die mich letzte Nacht davon abgehalten haben, meinem Leben ein Ende zu setzen. Aber wenn ein Mensch so leidenschaftlich um das Leben einer ihm unbekannten Frau ringt, wenn dieser Mensch, der mich und mein Leben nicht kennt, es für richtig und wichtig hält, um mein Leben zu ringen, dann gilt das doch für mich selbst noch viel mehr!" Frankl hat der Frau durch seine Art des Ringens ganz neu die Bedeutung und den Wert ihres Lebens aufgezeigt.

Auch wenn das Leben manchmal ein Kampf ist: Seien Sie bereit, sich diesem Kampf zu stellen. Gehen Sie Ihren Weg! Auch wenn dieser Weg mit Scherben und Bruchstücken gepflastert ist. Stellen Sie sich den Furcht einflößenden Drachen des Alltags, die Ihnen scheinbar immer wieder vermitteln wollen, dass es doch sinnvoller ist, sich zu Hause einzusperren, statt mutig Fenster und Türen zu öffnen und Ihr Leben zu leben. Rainer Maria Rilke überlegte einmal: *„Vielleicht sind alle Drachen unseres Lebens Prinzessinnen, die nur darauf warten, uns einmal schön und mutig zu sehen. Vielleicht ist alles Schreckliche im Grunde das Hilflose, das von uns Hilfe will."**

* Rilke, *Briefe an einen jungen Dichter.* An Franz Xaver Kappus, 12. August 1904

Osterglocken am verschneiten Grab

Ich möchte Ihnen von Camilla erzählen. Camilla starb mit 49 Jahren an den Folgen eines Krebsleidens. Sie war Mitglied unserer Gemeinde. Einige Zeit zuvor hatte ich ihren Sohn konfirmiert und so kam ich mit ihr und ihrer liebenswürdigen Familie in Kontakt.

Mich bewegte es sehr, wie sich Menschen aus der Gemeinde und in ihrem Umfeld nach der Krebsdiagnose um Camilla und ihre Familie kümmerten und sie im Krankenhaus besuchten.

Ehrlich, mir selbst ist es schwergefallen, zu ihr ins Krankenhaus zu gehen. Vor meinem ersten Besuch bei Camilla habe ich mich gefragt: „Was sage ich nur – ich, der Diakon, von dem doch hoffnungsvolle, aufbauende Worte erwartet werden?“ Als ich dann nach diesem ersten Besuch das Krankenhaus verließ, merkte ich, dass ich nicht der Schenkende, sondern der Beschenkte war.

„Wenn ich dann rüberrolle …“ – dieser Satz ist mir aus den Besuchen im Ohr und im Herzen geblieben. Wenn eine Frau, die nur noch wenige Wochen zu leben hat, über ihren Glauben und ihre Hoffnung spricht, dann ist das wohl die schönste Predigt, die man hören kann. Und doch, so einen Tod kann man nicht schön-, nicht rund- und auch nicht frommreden. Wenn eine Frau mit 49 Jahren stirbt, dann kann man diesen Tod nicht einfach hinnehmen. Da stellt sich die Frage nach dem Warum.

In unserer Gemeinde bieten wir in unseren Gottesdiensten nach der Predigt immer die Möglichkeit zum Gebet und zur Fürbitte an. Wie oft hatten wir in den letzten Jahren mit Camilla gebetet, hatten gehofft, gerungen und gefleht! Ich erinnere mich noch an den Sonntag, an dem sie mich an der Kirchentür mit einem freudigen „Ich bin krebsfrei!" umarmte. Nur kurze Zeit später machte sich der Krebs in Camillas Körper erneut breit.

Warum lässt Gott so etwas zu? Wieso nimmt Gott einem Mann die Frau und einem Sohn die Mutter? Fällt es in solchen Momenten nicht schwer, an einen gnädigen Gott zu glauben?

Goethe schrieb nach dem 1. November 1755 – dem Tag, an dem bei einem Erdbeben in Lissabon rund 50 000 Menschen umkamen –: *„Gott, der Schöpfer des Himmels und der Erden,* [...] *hatte sich, indem er die Gerechten mit den Ungerechten gleichem Verderben preisgab, keineswegs väterlich bewiesen."*

Es gibt viele Versuche, Antworten auf die Frage nach dem Warum zu finden. Warum scheint Gott nur so fern, so ungreifbar, so unfähig und ohnmächtig?

Viele der Antworten sind mir aber zu platt, zu ungewiss; sie nehmen oft die trauernden Menschen nicht ernst genug. Ich glaube, es ist wichtig, diese Frage zu stellen und sie nicht einfach wegzuschweigen. Es ist notwendig, diese Anklage erst einmal so stehen zu lassen und auszuhalten. Ich darf vor Gott auch meine Zweifel und meine Fragezeichen benennen. Ich möchte fragen und auch klagen: „Gott, warum lässt du das zu? Ich verstehe dich nicht!" Auch das gehört zu einer guten Gottesbeziehung.

Dietrich Bonhoeffer entdeckt gerade hier den Schatz christlichen Glaubens, wenn er schreibt: „*Vor und mit Gott leben wir ohne Gott. Gott lässt sich aus der Welt herausdrängen ans Kreuz, Gott ist ohnmächtig und schwach in der Welt und gerade und nur so ist er bei uns und hilft uns. Es ist in Matthäus 8,17 ganz deutlich, dass Christus nicht hilft kraft seiner Allmacht, sondern kraft seiner Schwachheit, seines Leidens! Hier liegt der entscheidende Unterschied zu allen Religionen. Die Religiosität des Menschen weist ihn in seiner Not an die Macht Gottes in der Welt.* […] *Die Bibel weist den Menschen an die Ohnmacht und das Leiden Gottes; nur der leidende Gott kann helfen. Insofern kann man sagen, dass die beschriebene Entwicklung zur Mündigkeit der Welt, durch die mit einer falschen Gottesvorstellung aufgeräumt wird, den Blick freimacht für den Gott der Bibel, der durch seine Ohnmacht in der Welt Macht und Raum gewinnt.*"*

In den vergangenen Jahren hat sich mein Bild von Gott stark verändert. Ich glaube an einen mitleidenden Gott. Ich glaube, dass Gott es gut mit mir meint. Ich sehe den menschgewordenen Gott, Jesus, am Kreuz hängen. Dort am Kreuz ist mir Gott so nah wie sonst nie. Der große Gott erniedrigt sich und trägt meine Lasten, meine Fragen, meine Sorgen und meine Schuld. Das bewegt mich! Da solidarisiert sich jemand mit meinen Schwierigkeiten. Und wenn Gott auf meiner Seite steht, dann möchte auch ich auf der Seite der Schwachen und Gescheiterten stehen.

* Dietrich Bonhoeffer, *Widerstand und Ergebung*, a. a. O., S. 177 f.

Vor meinem letzten Besuch bei Camilla drückte mir jemand im Pfarramt eine Blume, eine Osterglocke, in die Hand. Ich nahm die Blume mit ins Krankenhaus und überreichte sie ihr mit den Worten: „Camilla, diese Osterglocke ist für dich, weil ich glaube, dass für dich die Osterglocken dieses Jahr früher läuten werden." Das war ihr Glaube und ihre Hoffnung. Diese Gewissheit gab ihr Kraft auszuhalten.

Und dann trafen wir uns tatsächlich wenige Tage später an ihrem verschneiten Grab – Camillas Mann und ihr Sohn, Verwandte, Freunde, Arbeitskollegen, Menschen aus unserer Gemeinde. Tränen und Betroffenheit. Ich war überrascht, wie viele sich freigenommen hatten, um Camilla auf diesem letzten Weg zu begleiten. Kalt und grausig war das Wetter. Wie passend für eine Beerdigung! Am Grab legte ich ihr dann einen ganzen Strauß Osterglocken auf den Sarg und wünschte ihr frohe Ostern.

Dein Glück

Wenn Stürme toben, wenn das Leben leblos scheint,
der Blick nach oben nur bis zur Zimmerdecke reicht.
Du fasst ins Leere, verpasst den Lebenssinn.
Du fühlst, was du nicht willst, da ist ein Fehler im System.

Wenn niemand deine Lebensgeister weckt,
dein Naturtalent entdeckt und sieht, was in dir steckt.
Wenn keiner dich beim Namen nennt,
wenn sich das Leben von dir trennt
und kein Erbarmen kennt:

Dann halt ich dich nur dicht an mich.
Ich lass nicht zu, dass du alleine von hier gehst.
Ich geh mit dir mit, halt mit dir Schritt.
Im Blick zurück siehst du: Ich bin dein Glück.
Ich bin dein Glück.

Du suchst nach dem Gefühl,
nach der Belebung, die mal war.
Du lässt dich nur aufwühln,
doch das Gefühl ist nicht mehr da.
Kannst du den Weg sehn?
Dann schlag, sobald du kannst, ihn ein –
soll dieser Weg denn für dich schon hier zu Ende sein?

Wenn sich dein Inneres nur zwingt,
jeder Fehler sich bedingt,
dein Herz schon lange nicht mehr singt.
Wenn sich niemand zu dir stellt,
wenn sich der Himmel nicht erhellt,
wenn dein Vorhang fällt.

Text und Melodie: Andi Weiss, CD:
„Liebenswürdig“, © Andi Weiss

Vom aufrechten Gang

Meine Frau und ich haben uns vor ein paar Jahren in der Adventszeit einer ganz besonderen Herausforderung gestellt. Während andere Menschen für Mutproben einen Bungee-Jump buchen, sich zum Dschungelcamp anmelden oder einen Marathon laufen, sind auch wir an unsere ganz persönlichen Grenzen gegangen: Wir haben uns in einem evangelischen Kloster zu einem Schweigewochenende angemeldet. Geglaubt hat uns das keiner, und da es auch kein Zertifikat gab, ringen wir heute noch um Glaubwürdigkeit, wenn wir davon erzählen. Und um ganz ehrlich zu sein: Wir haben auch nicht das gesamte Wochenende geschwiegen. Es gab immer nur Einheiten, in denen nicht gesprochen wurde, und während der wortlosen Essenszeiten tauschten wir mithilfe der servierten klösterlichen Rohkost geheime Botschaften auf unseren Tellern aus.

Eine Übung während der meditativen Einheiten hat mich ganz besonders bewegt. Die anleitende Klosterschwester las uns Lukas 21,28 vor: *„Seht auf und erhebt eure Häupter, weil sich eure Erlösung naht."* Mit diesem Satz im Herzen hatten wir nun die Aufgabe, uns Kronen auf unseren Häuptern vorzustellen, die wir als Königskinder trugen. Im Hintergrund lief leise Musik und wir gingen mit unseren imaginären Kronen auf dem Kopf durch den Raum. Aber Achtung! Leicht war das nicht! Im Gegenteil: Es war sogar richtig schwer, die richtige Haltung einzunehmen – damit die Krone auch ja nicht verrutschte und vom Kopf fiel. Doch es war erstaunlich, wie das Wissen um die königlich-würdevolle Auszeichnung auf unserem Kopf doch plötzlich unsere Haltung veränderte. Das erinnert mich an den Spruch auf einer Postkarte, die ich einmal geschenkt bekommen habe: „Hinfallen, aufstehen, Krone richten, weitergehen …"

Ja, das macht Königskinder aus. Wir Menschen dürfen hinfallen, aber wir bleiben Königskinder und brauchen keine Angst davor zu haben, ausgeschlossen zu werden. Wenn Jesus im Neuen Testament von Buße spricht, dann steht im Griechischen Original das Wort *metanoia*, von *meta* – „um" oder „nach" – und *noein* – „denken" –, wörtlich übersetzt also etwa „Umdenken, Sinnesänderung, Umkehr des Denkens". Aber auch in dem Sinne, dass man etwas auf einer höheren Ebene betrachtet. „Denkt höher von Gott!", ruft Jesus den Menschen also zu, wenn er zur Umkehr aufruft. Wie oft sperren wir Gott in unser begrenztes menschliches Denken ein. Wenn es in frühen Zeiten donnerte oder die Ernte misslang, dann war das für die Menschen damals ein Zeichen, dass Gott mit den Menschen grollte. Jemand hatte wohl etwas falsch gemacht. Und dieses begrenzte Denken finden wir auch heute noch in unserer Vorstellung. Dann, wenn wir wissen: „Kleine Sünden straft der liebe Gott sofort." Dann, wenn wir Gott um etwas bitten, aber scheinbar nicht erhört werden.

Irenäus von Lyon hat bereits im Jahr 120 nach Christus einen sehr bedeutenden Satz gesagt: „Die Herrlichkeit Gottes ist der aufrecht gehende (der nach oben blickende)

Als ich vor mehr als zwei Jahren einen schweren Motorradunfall hatte, den ich fast unbeschadet überstand, hatte ich schon den Eindruck, dass hier jemand auf mich aufgepasst hatte. Mein Motorrad war völlig zerstört, aber ich selber hatte nur ein paar Beulen. Ob ein Engel dabei mitgewirkt hat, weiß ich nicht. Aber ich weiß, dass mein Leben durch Jesus Christus ganz in Gottes Hand liegt, und dass ich noch nicht einmal ein Haar verliere, ohne dass Gott das weiß und bejaht. Mein Vorschlag ist, nicht lange über Engel nachzudenken, sondern viel mehr Jesus Christus jedes Mal zu danken, wenn eine gefährliche Situation gut ausgegangen ist. Selbst wenn ein Engel seine Hand im Spiel hatte – er war nur ein Helfer, den Gott in seiner Güte rechtzeitig geschickt hat, um mir aus der Not zu helfen. Jesus ist viel mehr als ein Helfer in Notlagen – er rettet mein ganzes Leben aus Verzweiflung und Einsamkeit ohne Gott.

Lied: Jesus lebt, mit ihm auch ich EG 115 GL 117 ErG 482

Monatsspruch Mai 2018:

Es ist aber der Glaube
eine feste Zuversicht auf das, was man hofft,
und ein Nichtzweifeln an dem,
was man nicht sieht.

Hebräer 11,1

1

Maifeiertag

David L…
forscher u…
† 1873

Dienstag
Mai

☼ 05:55 20:44
☾ 22:14 07:05

Gerettet!

Sind die Engel nicht allesamt dienstbare Geister, ausgesandt zum Dienst um derer willen, die ererben sollen die Seligkeit? *Hebr 1,14*

Der Gedanke, dass ein Engel auf sie aufpasst, scheint vielen Menschen gut zu tun. Selbst eine Versicherung wirbt mit einem Schutz-Engel, als würde sie nicht nur Schaden wiedergutmachen, sondern sogar verhindern.
Was Engel jedoch tun, welche Bedeutung sie in unserem Leben haben, sagt die Bibel eigentlich nicht, auch nicht unser Abschnitt. Denn es geht im Hebräerbrief nicht um Engel, sondern um Jesus. Er ist so viel höher, mächtiger und bedeutungsvoller, dass alle Engel zusammen verblassen würden angesichts seines Glanzes. Die Engel bleiben daher meistens unsichtbar. Sie sind ja nicht dazu da, dass man sie bestaunt oder um Hilfe bittet. Jede Art von Verehrung lehnen sie ab. Die gebührt alleine Jesus Christus, der Gottes Liebe in Person ist. Jesus ist alles, was wir brauchen, um gerettet zu werden. Er hat uns versöhnt mit Gott. Das kann kein Engel jemals bewirken. *N-D*

F: Hebräer 1,5–14 K: Lukas 19,36–40

Mensch." Es ist ein großes Lebensgeschenk, wenn wir uns von Gott aufrichten und unsere Würde zusprechen lassen. Jesus ist eben nicht in diese Welt gekommen, um uns hinzurichten, sondern um uns aufzurichten. So macht uns der Heiland heil. Aufgerichtet darf ein Mensch dann auch aufrecht und aufrichtig durchs Leben gehen.

Vor einigen Jahren tourte ich mit meinem Programm „Heimat" durchs Land. In diesem Programm gebe ich den Konzertbesuchern einen kleinen Einblick in meine persönliche Biografie, zu der auch meine etwas spannende Schulzeit voller Streiche und interessanter Lehrerbegegnungen gehört. Noch heute glaube ich, dass ich meine letztendlich doch noch erfolgreichen schulischen Abschlüsse vor allem meiner Mutter zu verdanken habe, die regelmäßig zum Gespräch ins Rektorat geladen wurde und dort effektiv für mein weiteres Vorhandenseindürfen in der Schule warb. Vor Kurzem sprach mich eine Mutter nach einem Konzert an und erzählte, wie diese biografischen Einblicke vor einigen Jahren ihr schwieriges Verhältnis zu ihrem Sohn verändert hatten. Sie war sich sicher, wenn aus mir etwas einigermaßen Vernünftiges geworden war, dann würde ihr Sohn vielleicht auch irgendwann einmal seinen Weg gehen. Die Erkenntnis brachte sie zum Umdenken, und sie beschloss, ab diesem Tag jetzt schon das Gute und Schöne aus ihrem Sohn „herauszulieben" und sich nicht immer nur auf die Probleme und Schwierigkeiten zu konzentrieren. Bewegt erzählte sie mir, dass diese Entscheidung nicht nur das Verhältnis zwischen Mutter und Sohn maßgeblich beeinflusste, sondern auch die gesunde Entwicklung des Jugendlichen in der Schule und in seinen Freundeskreisen.

Es liegt auch in unserer Hand, zu wem oder was wir unsere Mitmenschen machen. Gestehen wir uns und anderen auch die Veränderung zum Guten zu? Halten wir unsere Mitmenschen durch unsere Festlegungen und Aussagen über sie in Ketten? Oder befreien wir die Menschen um uns herum, indem wir das Gute in ihnen „herauslieben" und sie zum aufrechten, mutigen und mündigen Leben befähigen?

Nimm dein Bett und geh!

Eine Reisegruppe ist gemeinsam auf einer Bergwanderung unterwegs. Tagelang geht es von Berghütte zu Berghütte. Geschlafen wird gemeinsam in großen Räumen, wie das nun auf Hütten meist auch so üblich ist. Mitten in der Nacht werden sie vom Ächzen und Stöhnen einer Frau aus der Reisegruppe geweckt: „Ach, bin ich durstig! Ach, bin ich durstig!“, sagt sie. Irgendwann erbarmt sich ein Mitreisender, steht auf und bringt der durstigen Dame eine Flasche Wasser an ihr Feldlager. Gierig trinkt die Frau, und nachdem die Flasche für alle hörbar gelehrt wurde, kehrt Ruhe im Schlafsaal ein. Gerade als die Ersten schon wieder eingeschlafen sind, beginnt die Frau von Neuem: „Ach, war ich durstig! Ach, war ich durstig!“

Kennen Sie das? Da hat man sich so daran gewöhnt, ein Problem zu haben, dass man fast schon gar nicht mehr ohne dieses Problem auskommt? Da klammert man sich fast schon leidenschaftlich an diese oder jene Verletzung, die einem zugefügt wurde, um jede Einladung, endlich „in die Gänge zu kommen“, ablehnen zu können. Da erstarrt man wie der ängstliche Hase, der dem Blick der Schlange nicht ausweichen kann, und legt sich so selbst in Ketten. Man wird bewegungsunfähig, starr und ist nicht mehr in der Lage, selbst sein Leben zu gestalten.

Paulus schreibt im 3. Kapitel des Philipperbriefes in den Versen 12 bis 14: *„Nicht, dass ich's schon ergriffen habe oder schon vollkommen sei; ich jage ihm aber nach, ob ich's wohl ergreifen könnte, weil ich von Christus Jesus ergriffen bin. Meine Brüder, ich schätze mich selbst noch nicht so ein, dass ich's ergriffen habe. Eins aber sage ich: Ich vergesse, was dahinten ist, und strecke mich aus nach dem, was da vorne ist, und jage nach dem vorgesteckten Ziel, dem Siegespreis der himmlischen Berufung Gottes in Christus Jesus.“* Mir gefällt das Bild vom „wandernden Gottesvolk“, das kein bleibendes Zuhause hat, sondern unterwegs ist. Hermann Hesse dichtet in seinem Gedicht „Stufen“: *„Es muss das Herz bei jedem Lebensrufe bereit zum Abschied sein und Neubeginne, um sich in Tapferkeit und ohne Trauern in andre, neue Bindungen zu geben.“* So wohnt auf unserer Lebensreise jedem Anfang, jedem neuen Tag dieser ganz besondere Zauber inne. Also: *„Wohlan denn, Herz, nimm Abschied und gesunde!“**

„In Frieden sterben“ heißt, Abschied nehmen – loslassen können – und so gesund werden. *„Unser Herz ist ruhelos, bis es Ruhe findet in dir“*, sagte Augustinus. Und Paul Gerhardt, einer der größten protestantischen Liederdichter, weiß: *„Ich bin ein Gast auf Erden und hab hier keinen Stand; der Himmel soll mir werden, da ist mein Vaterland.* […] *So will ich zwar nun treiben mein Leben durch die Welt, doch denk ich nicht zu bleiben in diesem fremden Zelt. Ich wandre meine Straße, die zu der Heimat führt, da mich ohn alle Maße mein Vater trösten wird.“* Das gilt nicht nur

* Hermann Hesse, *Das Glasperlenspiel.* Gedicht des Magisters Ludi Josef Knecht

am Ende unseres Lebens, sondern auch im weiten Blick auf die scheinbar haushohen Hürden des Alltags. Der Tod ist das letzte Scheitern in dieser Welt. Das Älterwerden bereitet uns Menschen darauf vor. Aber wie? Wer wagt schon gern den Blick auf das Ende?

In einem Seminar, in dem der Veranstalter mich und meine Tätigkeiten sehr ausführlich vorgestellt hatte, zitierte ich den Satz: „Man stirbt so, wie man gelebt hat." Da meldete sich ein Seminarteilnehmer und meinte: „Dann werden Sie sicher recht alt, denn Sie haben bestimmt keine Zeit zum Sterben." Die Gruppe lachte – aber mir ging dieser Satz noch länger nach. Lebe ich mein Leben vom Ende her? Gestalte ich meinen Alltag so, dass ich einmal sagen kann: „Ich habe gelebt"? Lebe und handle ich verantwortlich in dem Bewusstsein, dass meine Zeit begrenzt ist? Die Bibel mahnt: *„Lehre uns bedenken, dass wir sterben müssen, auf dass wir klug werden."* Und Augustinus schrieb: *„Nur angesichts des Todes wird das Selbst des Menschen geboren."* Was heißt das aber für das „tägliche Sterben" und das tägliche Abschiednehmen?

Tagtäglich bin ich im Gespräch mit Menschen, denen es einfach nicht möglich ist, so zu leben. Sie haben so große Verletzungen erlebt, dass man ihnen nicht einfach mal nebenbei Vergebung anraten kann. Wie kann ihr Leben trotzdem gelingen? Wie kann es gelingen, dass so maßlose Schmerzen und Kränkungen überwunden werden und nicht krankhaft die eigene Lebensgestaltung hemmen?

Jesus sagte bei einer Gelegenheit befremdliche Worte, über die man erst einmal nachdenken muss: *„Wenn jemand zu mir kommt und hasst nicht seinen Vater, Mutter, Frau, Kinder, Brüder, Schwestern und dazu sich selbst, der* *kann nicht mein Jünger sein*" (Lukas 14,26). Wie kann er so etwas sagen? Ist Jesus etwa ein Hassprediger? Nun kann man diesen Jesus-Ausspruch wie jedes Wort aus der Bibel natürlich für sich selbst vereinnahmen. Wie heilsam ist dieses Zitat für einen Mann, der den Hochzeitstag vergessen hat? Welch gutes Argument ist dieser Satz für eine Frau, deren Schwiegermutter sich zu Besuch anmeldet? Jörg Zink übersetzt das Wort „hassen" mit: „*Wer keinen entschiedenen Abstand schafft zu allen anderen Menschen, auf die er Rücksicht nehmen oder denen er Zeit und Gedanken widmen muss.*"

Ich brauche in meinem Leben immer wieder Abstand, um Erlebtes aus einer gesunden Distanz zu betrachten. Wenn ich Lebenswege ernst nehme, dann entdecke ich, warum ein Mensch so lebt, wie er lebt. In der biografischen Arbeit mit anderen entdecke ich immer wieder, wie Menschen nach der liebevollen Betrachtung ihrer eigenen Biografie aus einer gewissen Distanz heraus auch die Lebensgeschichte der Menschen, die sie verletzt haben, wertschätzend ernst nehmen können. Dieser Abstand hilft, das Geröll, die Steine und den Dreck beiseitezuschieben und sich auf die Suche nach dem heilen und gesunden Kern zu machen, der in jedem Menschen unverletzlich liegt. Wenn ich also auf Distanz gehe, dann nicht, um blind zu hassen, sondern um eine (Lebens-)Geschichte aus einem gewissen emotionalen Abstand zu betrachten. Und dann kann ich lernen, mich – aber auch andere Menschen – neu zu lieben.

Das erinnert mich an einen jungen Mann, den ich über einige Jahre begleiten durfte. Er hatte eine schwierige Jugend gehabt und konnte keinen Frieden mit seiner Geschichte und vor allem nicht mit seinem gewalttätigen, alkoholkranken Vater schließen. In jedem Beratungsgespräch wiederholte er den Satz, dass er sich mit seiner Geschichte, nie aber mit seinem Vater versöhnen werde. Er war sich sicher, der Vater würde ein Gespräch sowieso nur verweigern, ihn auslachen, und das würde nur zu einer noch größeren Verletzung führen. Nach einem guten Jahr war er zumindest bereit, dem Vater einen Brief zu schreiben, auch wenn er ihn nie abschicken würde. Wieder dauerte es einige Wochen und schließlich landete der Brief doch im Briefkasten und damit auch bei seinem Vater. Am selben Tag rief der Vater weinend bei seinem Sohn an und bat um ein Gespräch. Über eine Stunde hielt er die nicht enden wollenden Anklagen seinen Sohnes aus. Der Sohn war so darauf fixiert, sich vor einer weiteren Verletzung zu schützen, dass er zu brüllen begann. Schließlich unterbrach der Vater ihn nach längerer Zeit und fragte, ob er auch etwas sagen dürfe. Zunächst verweigerte der Sohn ihm dies, doch irgendwann konnte er nicht mehr und schwieg nur noch. Schließlich hörte er die leise Stimme seines Vater: „Ich wollte doch nur sagen, wie sehr es mir leidtut. Bitte entschuldige, was ich dir angetan habe!“ In der nächsten Sitzung erzählte mir der Sohn, dass sein Vater direkt nach dem Telefonat mit ihm wiederum seinen eigenen Vater angerufen und dass sich dort genau das gleiche Szenario wiederholt hatte. Meister Eckhart sagt über diese Worte Jesu, dass ihm nach solchem Loslassen auch seine Familienglieder ungleich viel näher stehen werden als vorher, da er sie bisher nur auf menschlicher Ebene liebte.

Und wie oft sind Täter auch selbst Opfer? Dabei geht es mir nicht darum, zu relativieren, zu entschuldigen oder

Geschehenes wegzureden. Aber ich darf entdecken, dass jeder Vater auch Sohn, jede Mutter auch Tochter ist. Ich darf lernen, meine eigene Lebensgeschichte anzunehmen – mit allem, was dazugehört –, so schmerzhaft das auch ist. Jeder Mensch hat tagtäglich neu die Chance, vom reagierenden zum agierenden Menschen zu werden. Wenn mich ein Mensch kränkt, dann ist das bereits geschehen – daran kann ich nichts ändern. Ich trage auch nicht die Verantwortung für das Handeln des anderen. Aber ich selbst entscheide, wie ich dann mit dieser Tat umgehe. Ich kann auf diese Kränkung beleidigt, enttäuscht, aggressiv und ebenfalls kränkend und verletzend reagieren. Ich bin nur für mein eigenes Handeln voll verantwortlich.

Jeder Mensch schreibt tagtäglich an seiner eigenen Lebensgeschichte. Blättern Sie einmal in Ihrem Lebensbuch zurück. Es ist wichtig, sich in seiner eigenen Geschichte, in seinem Woher ernst zu nehmen. Es ist wichtig, über das Gestern ausführlich zu trauern, zu weinen, zu klagen, sich ausführlich ernst zu nehmen. Und dennoch sind wir jeden Tag neu dazu aufgerufen, das Dennoch des Lebens trotzig zu leben. In der gleichen Rede, aus der ich schon die zunächst befremdliche Aussage zitiert habe, lädt Jesus ein, „sein Kreuz auf sich zu nehmen". Nicht nur unsere Gaben und Schätze, sondern auch unsere Krisen und Nöte, unser Leid und unser Scheitern gehören zu unserem Lebensweg dazu. Das ist gemeint, wenn von „sein Kreuz auf sich zu nehmen" die Rede ist. In der realistischen Gewissheit, an manchen Lebensumständen, an Vergangenem, an der eigenen Biografie nichts ändern zu können, kann ich aber immer noch diese Umstände und Widrigkeiten als Aufgabe annehmen und somit aufrecht ertragen. Nicht jede Verletzung kann geheilt werden. Manche Trauer wird mich wie ein grauer Gast bis zu meinem letzten Atemzug begleiten. Aber ich kann lernen, mit dieser Verletzung zu leben. Ich kann lernen, die Widrigkeiten als unabänderlichen Teil in meinen Lebensweg zu integrieren, und so meine ganz persönliche Geschichte schreiben.

„Nimm dein Bett und geh!", sagt Jesus zu dem Gelähmten. Mit anderen Worten: „Klammere dich nicht länger an dein altes Leben. Suche nicht nach Schuldigen, die der Grund für dein schwieriges Heute sind."

Martin Luther King ermutigt: „Wenn du nicht fliegen kannst, dann lauf, wenn du nicht laufen kannst, dann geh, wenn du nicht gehen kannst, dann krieche, aber was auch immer du tust, bewege dich stets vorwärts!" Wer ein Warum zum Leben hat, erträgt fast jedes Wie, sagte Nietzsche. Und ich möchte ergänzen: Auch wer ein Wohin im Leben hat, erträgt fast jedes Wie. Ich weiß nicht – genauso wenig wie Sie –, was uns einmal nach dem Tod erwartet. Aber wenn ein Mensch stirbt, sprechen wir auch davon, dass er „heimgegangen" ist. Diese Vorstellung tröstet mich. Nicht „irgendwann einmal" – sondern schon jetzt im Hier und Heute. Das ist kein Verschieben der Hoffnung auf ein Jenseits, sondern gelebter und hoffnungsvoller Glaube im Diesseits. Heute und jetzt. Denn ich glaube, so können wir Menschen täglich sterben und wieder neu auferstehen.

In einer alten Kirche in Baltimore fand man folgende Inschrift aus dem Jahr 1692:

Geh gelassen deinen Weg inmitten von Lärm und Rastlosigkeit, und vergiss nie, wie viel Frieden du in der Stille finden kannst.

Soweit möglich, das heißt, ohne dich selbst zu verleugnen, stell dich gut mit allen Menschen. Sprich deine Wahrheit ruhig und unzweideutig aus, und hör den anderen zu, die Dummen und die Schwätzer nicht ausgenommen, auch sie haben dir etwas mitzuteilen.

Geh lauten und aggressiven Menschen aus dem Weg, sie sind eine Plage für den Geist.

Wenn du dich selbst mit anderen vergleichst, könntest du hochmütig oder verbittert werden: denn stets wird es Menschen geben, die dir unter- oder überlegen sind. Freu dich aber ganz unbefangen deiner Erfolge und auch deiner Pläne.

Vernachlässige deinen Beruf nicht, sei er auch noch so bescheiden; er ist dein einziges unveräußerliches Besitztum in den wechselnden Glücksfällen des Lebens. Übe Vorsicht in geschäftlichen Angelegenheiten, denn die Welt ist voller Betrug. Lass dich hierdurch andererseits nicht blind machen für die Tatsache, dass es auch große Tugendhaftigkeit gibt: Viele Menschen streben nach hohen Idealen und überall lassen sich Mut und Standhaftigkeit antreffen.

Sei, der du bist.

Heuchle insbesondere niemals Zuneigung.

Sei auch nicht zynisch in Fragen der Liebe, denn in dieser Welt der Gefühlskälte und der Enttäuschungen ist allein sie es, die überdauert – gleich dem immergrünen Gras.

Nimm ohne Murren an die Lehren aus deinen ständig wachsenden Lebenserfahrungen, und trenne dich mit Würde von dem, was dir in deiner Jugend wichtig war.

Stärke deine geistigen Widerstandskräfte, damit du in plötzlichem Unglück gewappnet dastehst.

Quäle dich nicht mit den Ausschweifungen deiner Fantasie. Viele Ängste entstehen aus Erschöpfung oder Einsam-

keit. Übe eine gesunde Selbstdisziplin, sei aber auch nicht allzu streng mit dir selbst.

Du bist ein Kind des Universums, nicht minder als die Bäume und die Sterne; du hast ein Recht, hier zu sein.

Und ob du dir dessen bewusst bist oder nicht, alles nimmt schon seinen richtigen Lauf.

Lebe daher in Frieden mit Gott, welche Vorstellungen auch immer du von ihm hast. Und was auch immer dein Mühen und Trachten, halte Frieden mit deiner Seele inmitten aller Friedlosigkeit des Lebens.

Trotz all ihrer Falschheit, ihrer Mühsal und ihrer zerschlagenen Hoffnungen ist sie schön, unsere Welt. Sei bedachtsam. Strebe danach, glücklich zu sein.

In der deutschen Grammatik gibt es eine Zeitform, die sich „Futur II – die vollendete Zukunft" nennt: „Ich werde gewesen sein." Wer werden Sie einmal gewesen sein?

Kennen Sie den Film „Das Leben der Anderen"? Mich hat der Film sehr bewegt. Da geht es um einen Stasioffizier, der die Wohnung über einer anderen Familie bezieht, um diese abzuhören. Er passt sich immer mehr dem Alltag, dem Tagesablauf, dem Leben dieser Familie an. Ohne es wirklich zu merken, übernimmt er Lebensgewohnheiten und eigentlich das Leben der anderen. Leben Sie Ihr Leben? Oder leben Sie das Leben der anderen? Welche Träume träumen Sie schon ein Leben lang?

Rabbi Sussja sprach auf seinem Sterbebett: „In der kommenden Welt wird man mich nicht fragen: Warum bist du nicht Mose gewesen? Warum bist du nicht Abraham gewesen? Man wird mich fragen: Warum bist du nicht Sussja gewesen?" Nachdem ich diesen Gedanken von Rabbi Sussja zum ersten Mal gelesen hatte, wurde ich kurze Zeit später in einem Interview gefragt, was ich denn nun von Beruf sei? Evangelischer Diakon? Logotherapeut? Musiker? Autor? Moderator? Produzent? Ich habe dann etwas frech geantwortet: „Ich bin von Beruf Andi Weiss." Ich muss selbst jeden Tag lernen, diese Worte, die ich so spontan im Interview von mir gegeben habe, in aller Freiheit und mit aller Herausforderung neu zu buchstabieren und zu gestalten. Es ist die große Lebensaufgabe eines jeden Menschen, seine Berufung zu leben, die zuallererst beinhaltete, dass man selbst wird. Dass man seinen Weg entdeckt und diesen auch geht.

Für Viktor Frankl war es immer wichtig zu betonen, dass eben nicht ich als Mensch Gott oder das Leben nach dem Sinn befrage – sondern ich als Mensch werde gefragt, welchen Sinn ich in diesem Leben entdeckt, gefunden und gelebt habe. Ich glaube, dass ungelebtes Leben auf Dauer krank macht – und ebenso macht es krank, das Leben anderer zu leben.

Unser eigenes Leben können wir nur im Hier und Jetzt gestalten. Uns der Gegenwart zu stellen, in ihr zu leben, zu lieben und zu hoffen, ist unser täglicher Auftrag. Wir können ein Leben lang unseren Groll über Vergangenes mit uns herumtragen, wir können uns jeden Tag in die Angst vor dem Morgen, die Angst vor dem Scheitern und Versagen flüchten. Aber letztendlich werden „Gestern" und „Morgen" nur Ausreden sein. Was gestern in Ihrem Leben geschehen ist, das können Sie nicht mehr ändern. Die Momente, in denen Menschen an Ihnen schuldig geworden sind, die Fehler, die Sie gemacht haben, die Wunden und Verletzungen, die Sie mit sich tragen, können nicht mehr rückgängig gemacht werden. Ebenso wird Ihnen auch die Angst vor morgen keine bessere Zukunft bescheren. Die meisten Zukunftsängste erweisen sich doch sowieso im erlebten Alltag als unbegründet, und wenn tatsächlich etwas Schreckliches eintrifft, hat uns die Angst davor weder davor bewahrt noch vorsorglich die nötige Kraft gegeben, diese Krise durchzustehen.

In der Unabhängigkeitserklärung der USA findet man die Aussagen: „Alle Menschen sind gleich geschaffen" und „der Schöpfer hat ihnen bestimmte unveräußerliche Rechte verliehen", zu denen „Leben, Freiheit und das Streben nach Glück gehören". Jeder Mensch kann also sein Leben frei gestalten und hat das Recht darauf, nach Glück zu streben. Und, ganz ehrlich, wer möchte nicht gern glücklich sein? Sind Sie glücklich? Und was tun Sie dafür? Jagen Sie Ihrem Glück nach und haben Sie es schon gefunden? Die österreichische Philosophin Lisz Hirn rät: „Das Glück zu jagen ist zwecklos. Vielmehr solltest du stets bereit sein, seine Beute zu werden." Ist es nicht so, dass uns das Glück sowieso immer wieder abhandenkommt, je mehr wir ihm nachjagen? Viktor Frankl stellt die Frage, ob Menschen wirklich nach Glück suchen oder ob sie eher nach einem Grund suchen, um glücklich zu sein. Haben Sie diesen Grund schon gefunden? Mutter Teresa war überzeugt: „Ein Leben, das nicht für andere gelebt wurde, ist kein Leben."

Mein Ziel

Kann es noch kaum greifen.
Noch ist nicht alles klar.
Ich bin auf einer Reise
und bin noch nicht ganz da.

Ich bin noch nicht – ich werde.
Noch ist hier nichts perfekt.
Ich bin auf der Suche –
du hast mich entdeckt.

Und ich lauf, so weit ich kann,
seh, so weit ich will,
denn der Himmel steht mir offen,
weil ich Himmel in mir fühl.

Du bist mein Ziel – meine Leidenschaft.
Du bist mein Weg – du bist meine Kraft.
Ich suche dich – lauf auf dich zu,
lass alles hinter mir, du bist hier,
du bist mein Ziel.

Ich verstehe deine Wege
mit mir nur im Blick zurück,
aber Leben muss man vorwärts gehen,
und du gehst leise mit.

Und ich steck mir neue Ziele
voller Leidenschaft,
was gestern war – das stört nicht mehr.
Gott, gib mir deine Kraft.

Text und Melodie: Andi Weiss, CD:
„Ungewohnt leise", © Andi Weiss

Die letzte Seite

Neben meinen Konzertreisen liebe ich es, Menschen in der herausfordernden Vielfalt des Lebens zu begleiten. Viele Menschen wünschen sich in schwierigen Lebenssituationen Entlastung, Verständnis und Unterstützung. In der logotherapeutischen Beratung suchen wir gemeinsam Wege, mit Problemen verantwortungsvoll umzugehen, vorhandene Ressourcen und Stärken zu ergründen – aber auch Schwächen zu integrieren und Unveränderbares anzunehmen. Die Suche nach Sinn und Werten soll helfen, die Freude am Leben neu zu entdecken und den Alltag selbstständig und bewusst zu gestalten.

Als evangelischer Diakon und Logotherapeut berate und begleite ich nun schon seit vielen Jahren Menschen. Die Logotherapie wurde von dem Wiener Arzt und Psychologen Viktor Frankl begründet. Sie ist eine sinnzentrierte und an den Werten des Menschen ausgerichtete Form der Beratung. Frankl selbst sprach auch von „Ärztlicher Seelsorge“. So wird die Logotherapie auch Sinnseelsorge genannt. Die Sitzungen können entweder in meinem Münchner Büro oder auch am Telefon stattfinden.

Ebenso freue ich mich, wenn Sie als Konzertveranstalter Interesse an meinen Konzerten haben. Weitere Infos zu meiner Musik, weiteren Büchern und zum Angebot der Lebensberatung finden Sie unter *www.andi-weiss.de*.

Balsam für die Seele

„Eine wunderschöne CD für Herz und Seele: mutmachend, tröstend, aufbauend.“

Hörerstimme

Durchlebt. Hoffnungsvoll. Liebevoll. Mit diesem Album zeigt Munter- und Mutmacher Andi Weiss einmal mehr, wie man Worte in Lieder verwandelt, die die Seele aufmuntern. Sein Grundvertrauen in Gott und in das Leben wirkt dabei wohltuend. Dabei richtet Andi Weiss den Blick nach innen: Was macht mich aus? Was macht mich zu etwas Besonderem? Was schenkt mir Mut, zu meiner Einzigartigkeit zu stehen? Musikalisch erwartet den Zuhörer eine ausgewogene Mischung aus Bandtiteln und Klavier-Balladen.

GerthMedien Andi Weiss • Lieb dich gesund • Nr. 939465

Das neue Album des Songpoeten

„Vielseitig in seinem Können, hat der Songpoet wieder ein Album geschaffen, das berührt: tiefgründig, schön und musikalisch einfühlsam."

Zeitschrift *JOYCE*

Andi Weiss ist offen für Neues. Das zeigt er auf seinem neuen Album. Seine Songs sind einfühlsam, mit starker Bildsprache und tun einfach gut. Mit *Laufen lernen* vertraut Andi Weiss dem Zuhörer 15 neue Songs mit tiefen Wahrheiten und klugen Gedanken an. Er macht Mut, Angst abzulegen: Vor Gott. Vor dem Leben. Vor dem Tod. Der frische Sound macht Lust zum Aufbruch ins eigene Leben: Das gefällt Freunden tiefsinniger deutschsprachiger Songs.

GerthMedien Andi Weiss • Laufen lernen • Nr. 939553

Der Verlag weist ausdrücklich darauf hin,
dass im Text enthaltene externe
Links vom Verlag nur bis zum Zeitpunkt der
Buchveröffentlichung eingesehen werden konnten.
Auf spätere Veränderungen hat der Verlag keinerlei Einfluss.
Eine Haftung des Verlags ist daher ausgeschlossen.

MIX
Papier aus verantwortungsvollen Quellen
FSC® C083411

© 2016 by Gerth Medien GmbH, Dillerberg 1, 35614 Asslar

1. Auflage 2016
Bestell-Nr. 817144
ISBN 978-3-95734-144-0

Umschlaggestaltung: Björn Steffens
unter Verwendung von Shutterstock
Satz: Greiner & Reichel, Köln
Druck und Verarbeitung: CPI books, Leck
Printed in Germany